Risikokapital über die Börse

Mannheimer Bankenforum Symposium 25.1.1985

Herausgegeben von W. Gerke

Springer-Verlag Berlin Heidelberg GmbH

Professor Dr. Wolfgang Gerke

Lehrstuhl für Allgemeine Betriebswirtschaftslehre
Finanzwirtschaft und Bankbetriebslehre II
Universität Mannheim
D-6800 Mannheim 1

ISBN 978-3-540-16671-9 ISBN 978-3-642-71312-5 (eBook)
DOI 10.1007/978-3-642-71312-5

CIP-Kurztitelaufnahme der Deutschen Bibliothek.
Risikokapital über die Börse : Symposion 25.1.1985 / Mannheimer Bankenforum. Hrsg. von W. Gerke. - Berlin ; Heidelberg ; New York ; Tokyo : Springer, 1986.
ISBN 978-3-540-16671-9

NE: Gerke, Wolfgang [Hrsg.]; Bankenforum (1985, Mannheim)

Ursprünglich erschienen bei Springer Verlag Berlin Heidelberg New York Tokyo 1986
Softcover reprint of the hardcover 1st edition 1986

2142/3140-543210

Vorwort des Herausgebers

Mit diesem Buch zur Risikokapitalaufbringung über die Börse sollen die auf dem MANNHEIMER BANKENFORUM 1985 vorgestellten Referate sowie die wichtigsten Diskussionsergebnisse des Symposions einer breiteren Öffentlichkeit zugänglich gemacht werden. Ergänzt werden diese Abhandlungen durch einen Beitrag über neue Einsatzmöglichkeiten interaktiver Kommunikationssysteme im Wertpapierhandel.

Das wiederbelebte Neuemissionsgeschäft der jüngsten Zeit belegt zwar, daß die Börse immer noch ein leistungsfähiges Finanzierungsinstrument darstellt; die wenigen erfolgreichen Neuemissionen entstammen aber insbesondere dem Bereich relativ großer Unternehmen. Das Problem der Börsenneueinführung kleinerer oder junger Unternehmen konnte bisher nicht zufriedenstellend gelöst werden.

Die Zusammenführung von Praktikern und Wissenschaftlern sowie Juristen, Volkswirten und Betriebswirten auf dem MANNHEIMER BANKENFORUM sollte neue Anstöße zur Steigerung der Funktionsfähigkeit des bundesdeutschen Marktes für Risikokapital liefern. Die verschiedenen Referate und Diskussionsbeiträge haben zwischen volks- und betriebswirtschaftlichen Ansätzen sehr unterschiedliche Therapien erkennen lassen. Aber auch Börsianer und Bankwissenschaftler wichen in ihren Lageanalysen gelegentlich erheblich voneinander ab. Für den im de lege ferenda Bereich arbeitenden Juristen ist es in dieser Situation sehr schwer, seine Empfehlungen auf den interdisziplinären Aussagen seiner Kollegen aufzubauen. Er wird sich deshalb - wie geschehen - sein eigenes Bild von den ökonomischen Zusammenhängen erstellen.

Angesichts der Bedeutung, die der ausreichenden Risikokapitalversorgung auch in Zukunft zur Sicherung der Wettbewerbsfähigkeit und der

Arbeitsplätze zukommt, gilt der besondere Dank des Veranstalters neben den Referenten der Stiftung Rheinische Hypothekenbank, deren Unterstützung ein wichtiges Fundament des Symposions darstellte, sowie dem SPRINGER-Verlag für die Aufnahme der Symposionsbeiträge in sein Verlagsprogramm.

Mannheim 1986

Wolfgang Gerke

Gesamtinhaltsverzeichnis

BEGRÜSSUNGSWORTE DES REKTORS PROFESSOR DR. GERD ROELLECKE

Namens der Universität Mannheim begrüße ich Sie sehr herzlich zu Ihrem Symposion "Risikokapital über die Börse".

Wir freuen uns besonders, daß gerade Ihre Veranstaltung in unserem Hause stattfinden kann. Einmal gehört Ihr Thema gleichsam zur starken wissenschaftlichen Tradition unserer Universität. Ich bin sicher, daß unsere Universität ein sehr guter Ort für Ihre Diskussion über Risikokapital ist. Zum anderen ist Ihr Thema hoch aktuell, besonders hier in Baden-Württemberg, wo viele Politiker so viel von Risikokapital reden, daß man gelegentlich geneigt ist, eine solche Politik selbst für riskant zu halten. Jedenfalls scheint mir Ihr Symposion wirtschaftswissenschaftliche Tradition und politische Aktualität so glücklich zu vereinen, daß ich mich bei allen, die sich um das Zustandekommen dieser Veranstaltung verdient gemacht haben, sehr herzlich bedanken muß.

Mein Dank geht zuerst an die STIFTUNG RHEINISCHE HYPOTHEKENBANK, die das Symposion finanziell gefördert und organisatorisch unterstützt hat. Ich freue mich, daß die Stiftung heute durch ein Mitglied des Vorstandes der RHEINISCHEN HYPOTHEKENBANK, durch Herrn Dr. Karsten VON KÖLLER, vertreten ist. Es erlaubt mir, ihm auch persönlich meinen Dank zu übermitteln. Daneben ist die Universität Herrn Kollegen GERKE zu Dank verpflichtet, der dieses Symposion initiiert und organisiert hat. Zu danken habe ich auch allen Referenten, Podiumsteilnehmern, Diskussionsleitern und den Mitarbeitern des Lehrstuhles für Bankbetriebslehre II.

Herr GERKE hat mir etwa 10 Minuten für diese Begrüßung gewährt. Das hat mich ein wenig gewundert, weil Herr GERKE meine Neigung kennt, bei

Begrüßungsansprachen über Dinge zu sprechen, von denen ich nichts verstehe. Vielleicht hat Herr GERKE aber auch gewußt, daß bei Ihrem Thema selbst ich mich nicht traue, etwas zur Sache zu sagen. Lassen Sie mich deshalb als Rektor im letzten Jahr seiner Amtszeit - also mit großer Erfahrung - nur zwei Sätze sagen. Einmal möchte ich daran erinnern, daß Risiko nicht nur eine finanzielle, sondern auch eine persönliche Frage ist. Und zum anderen habe ich den deutlichen Eindruck, als ob sich gute Ideen sehr leicht verkaufen, aber nur sehr, sehr schwer kaufen ließen. Manchmal möchte ich mit Richard III. rufen: "Eine Idee, eine Idee, mein Königreich für eine Idee!" Aber selbst zu diesem Preis sind Ideen nicht ohne weiteres erhältlich. Relativ preiswert scheinen sie noch auf dem Markt der fachlichen Diskussionen zu sein. Meine Damen und Herren, Sie haben heute eine wirkliche Chance. Nutzen Sie sie. Ich wünsche Ihnen, daß aus Ihren Diskussionen möglichst viele Ideen entspringen.

M A N N H E I M E R   B A N K E N F O R U M
Symposion "Risikokapital über die Börse"

EINFÜHRENDE THESEN DES VERANSTALTERS PROFESSOR DR. WOLFGANG GERKE

- AKZEPTANZPROBLEME DER WERTPAPIERBÖRSEN

(1) Von über 2 Mio Ende 1984 in der Bundesrepublik tätigen Unternehmen wurden lediglich 2.128 oder 0,1 % in der Rechtsform der Aktiengesellschaft oder Kommanditgesellschaft auf Aktien geführt. Von diesen Gesellschaften waren schließlich nur 449 zur Risikokapital- bzw. Haftkapitalaufnahme über den amtlichen Börsenhandel oder geregelten Freiverkehr zugelassen. Diese Zahlen müssen überraschen, denn die Wertpapierbörsen bieten aufgrund ihrer Handelsusancen, hohen Markttransparenz und Rechtssicherheit den Anlegern gute Möglichkeiten zur Bereitstellung und den notierten Unternehmen zur Aufnahme von Risikokapital. Die Anleger können auf diesem Markt Eigenkapitaltitel mit unbefristeter Laufzeit erwerben und aufgrund deren leichter Abtretbarkeit ihr Liquiditätsrisiko niedrig halten und außerdem durch Diversifikation ihr Portefeuillerisiko senken. Die Unternehmen sprechen über die Wertpapierbörsen einen breiten Kreis potentieller Risikokapitalgeber an.

Trotz dieser Argumente für eine Risikokapitalanlage und -beschaffung über die Börse finden die deutschen Wertpapierbörsen nicht die zu erwartende hohe Akzeptanz. Die Ursachen hierfür liegen nicht allein in den Gestaltungsformen der deutschen Börsen, sondern auch in den allgemeinen wirtschaftlichen und gesellschaftlichen Rahmenbedingungen.

- RECHTSFORMNEUTRALE UNTERNEHMENSBESTEUERUNG

(2) Eine zentrale Stellung für die Risikokapitalaufbringung nimmt der Staat ein. Er bestimmt mit seiner Steuergesetzgebung maßgeblich die Renditen des Risikokapitals, diskriminiert und fördert durch seine Direktsubventionen einzelne Unternehmen und lenkt anlagebereites Kapital mit Hilfe von Abschreibungserleichterungen und Sparförderungsprogrammen in bestimmte Projekte oder Finanztitel.

Die Bundesregierung propagiert zwar die Risikokapitalbeschaffung über die Börse, mit ihrer doppelten Vermögensbesteuerung der Kapitalgesellschaften und sonstigen unterschiedlichen Steuerbelastungen hält sie einzelne Personengesellschaften aber davon ab, sich in börsenfähige Kapitalgesellschaften umzuwandeln. Außerdem glauben viele Unternehmen, die bereits in der Rechsform der Kapitalgesellschaft geführt werden, bei einer börsenmäßigen Bewertung ihrer Unternehmen mit mehr Vermögensteuer belastet zu werden als zum Beispiel im Fall einer Anteilsbewertung nach dem STUTTGARTER VERFAHREN. Die Unternehmensbesteuerung sollte deshalb rechtsformneutral gestaltet werden.

- EIGENKAPITALZWITTER

(3) Zur Verbesserung der Risikokapitalaufbringung werden in letzter Zeit aus steuerlichen Gründen immer stärker Eigenkapitalzwitter konstruiert. Unter anderem sollen Genußscheine die Funktionen des Eigenkapitals übernehmen, ohne dabei steuerlich als Eigenkapital behandelt zu werden. Indem der Gesetzgeber derartige Eigenkapitalzwitter als abzugsfähiges Fremdkapital toleriert, demonstriert er seine eigenen Bedenken gegen eine zu hohe Risikokapitalbesteuerung. Aus Furcht vor politischen Schwierigkeiten bei der Durchsetzung einer allgemein niedrigeren Besteuerung des Risikokapitals flüchtet er sich in Einzelaktionen der Investitionsanreize, Subventionierung, Steuernischen und steuerlichen Ausnahmeregelungen. Dies ist mit Verwaltungsaufwand, bürokratischen Hemmnissen und Kapitalfehllenkungen verbunden.

- KRISENSICHERUNGSPOTENTIAL DES RISIKOKAPITALS

(4) Zahlreiche mittelständische Unternehmen haben Vorbehalte gegen die Aufnahme von externem Risikokapital und gegen ein Going Public. Sie unterschätzen die Leveragerisiken hoher Fremdkapitalquoten, indem sie ihre Entscheidung zwischen Eigenkapital- und Fremdkapitalfinanzierung vor dem Hintergrund positiver Ertragserwartungen treffen. Die Flexibilitätsvorteile und die Krisensicherungspotentiale des Eigenkapitals werden dabei nur unzureichend gewürdigt.

- ÜBERFREMDUNGSÄNGSTE

(5) Häufig werden die Wirkungen des Börsenzutritts falsch eingeschätzt. Der öffentliche Handel von Unternehmensanteilen führt nicht automatisch zu einer Entmachtung der Altinhaber, und die Börsenpublizität erweist sich im nachhinein nicht nur als lästig, sondern auch als werbewirksam.

- INTERESSENKONFLIKTE IN DEN UNIVERSALBANKEN

(6) Insbesondere die Kreditinstitute könnten mehr zur Propagierung der Risikokapitalaufbringung über die Börse beitragen. So bietet das deutsche Universalbankensystem den Kreditinstituten zwar hervorragende Kundenkontakte, um neue Unternehmen an die Börse zu führen, es beinhaltet zugleich aber auch die ständige Gefahr von Interessenkonflikten zwischen Kredit- und Emissionsgeschäft sowie Spar- und Wertpapiergeschäft.

- MANGELNDE KOOPERATION IM VERBUND

(7) Die in einer Bankzentrale tätigen Spezialisten für Börsenemissionen mögen zwar hervorragende Arbeit leisten, ihnen fehlt jedoch häufig die Unterstützung durch die einzelnen Bankfilialen. Sie stoßen auf ähnliche Probleme wie die Kapitalbeteiligungsgesellschaften, denen ebenfalls die breite Kundenakzeptanz fehlt, weil sie bereits in den Filialen der Mutterbanken zu wenig Resonanz finden.

- BETREUUNG BIS ZUR BÖRSENFÄHIGKEIT

(8) Die außerbörsliche Bereitstellung von Risikokapital durch Kapitalbeteiligungsgesellschaften und Venture Capital Gesellschaften hängt in hohem Maße von der Möglichkeit ab, sich von ihren Beteiligungen über einen leistungsfähigen Börsenmarkt wieder trennen zu können. Sie nehmen damit eine wichtige Stellung bei der Betreuung eines Unternehmens bis zur Börsenfähigkeit ein.

- RISIKOKAPITAL ÜBER VERSICHERUNGSGESELLSCHAFTEN

(9) Zusätzlich zur Finanzierung über Kapitalbeteiligungsgesellschaften sollte der Gesetzgeber auch den Versicherungsgesellschaften die Möglichkeit eröffnen, sich bis zu einem begrenzten Umfang ihrer Portefeuilles an Venture Capital Gesellschaften und Unternehmen zu beteiligen, die sie später an die Börse führen wollen. Eine Anlage von 0,5 % des Deckungsstocks in derartigen Unternehmen ergäbe Ende 1984 ein Anlagevolumen von ca. 2 Mrd DM.

- INNOVATIONSBÖRSE

(10) Die historisch gewachsenen dezentralen Börsenstrukturen der Bundesrepublik haben sich bewährt. Moderne Kommunikationsmittel sorgen für Arbitrageprozesse, die die verschiedenen Handelsplätze problemlos zu einem Markt verschmelzen. Zur Schaffung eines neuen Marktes für junge Unternehmen mit guten Wachstumschancen, aber hohen Entwicklungsrisiken empfiehlt es sich jedoch, ein spezielles zentrales Börsensegment in Form einer "Innovationsbörse" zu schaffen. Mit dieser zentralen Innovationsbörse könnte ein Markt für deutsches Venture Capital aufgebaut werden, der langfristig auch internationales Kapital anzieht. Durch die Zentralisierung dieses ausgegliederten Börsensegments würde eine auf die speziellen Erfordernisse der Innovationsfinanzierung ausgerichtete Gestaltung und Führung der Innovationsbörse erleichtert.

Insbesondere Marketinggesichtspunkte sprechen für die Errichtung einer Innovationsbörse. Den Anlegern könnten die Chancen und Risiken der an der Innovationsbörse gehandelten Titel besser veranschaulicht werden und dem gesamten Börsenwesen und der Kreditwirtschaft würden durch einzelne Fehlschläge von Neuemissionen an der Innovationsbörse keine Imageverluste entstehen.

A. EINSATZMÖGLICHKEITEN INTERAKTIVER KOMMUNIKATIONSSYSTEME IM WERTPAPIERHANDEL

Professor Dr. Wolfgang GERKE
Dipl.-Kfm. Christof AIGNESBERGER

G l i e d e r u n g

A. Einsatzmöglichkeiten interaktiver Kommunikationssysteme im Wertpapierhandel

Professor Dr. Wolfgang GERKE
Dipl.-Kfm. Christof AIGNESBERGER

I. DAS BÖRSENUMFELD FÜR NEUE KOMMUNIKATIONSTECHNOLOGIEN

Die Bundesrepublik Deutschland verfügt dank ihres historisch gewachsenen dezentralen Börsensystems über relativ viele Wertpapierbörsen. Diese bieten den an ihnen zugelassenen Aktiengesellschaften gut funktionierende Mittlerdienste bei der Eigen- und Fremdkapitalbeschaffung an. Dennoch läßt sich das bestehende Börsensystem durch die Nutzung neuer Kommunikationstechnologien noch verbessern.

Bedarf für eine Neugestaltung der Organisation der bundesdeutschen Wertpapierbörsen resultiert insbesondere aus der hohen Exklusivität des Börsenhandels, denn nur sehr wenige der in der Bundesrepublik tätigen Unternehmen werden börsenmäßig gehandelt. Um die im internationalen Vergleich sehr schlechte Ausstattung der deutschen Unternehmen mit Risikokapital zu beseitigen, müssen neue Wege für die Beteiligung breiter Anlegerkreise am Produktivvermögen gefunden werden. Hierzu eignen sich die Wertpapierbörsen, die durch ihre Intermediation nachhaltig die Liquiditäts- und Informationsrisiken der Anleger senken und ihnen aufgrund der Aktienstückelung auch die Anlage kleiner Geldbeträge in Risikokapital und eine risikovermindernde Portefeuillegestaltung durch Diversifikation ermöglichen.

Schon heute nutzen die Wertpapierbörsen intensiv die Möglichkeiten der modernen Kommunikationsmedien. Aufgrund der gut funktionierenden Kommunikation zwischen den Börsenteilnehmern finden zwischen den einzelnen Handelsplätzen Arbitrageprozesse statt, die dazu führen, daß es nur zu relativ unbedeutenden Preisunterschieden für die einzelnen Papiere an den verschiedenen Börsenplätzen kommt. Die Transaktionskosten sind im Vergleich zu den meisten ausländischen Kapitalmärkten in der Bundesrepublik relativ niedrig (1); der den Anlegern angebotene Service wie Informationen über gehandelte Unternehmen und Kurse, Schnelligkeit der Abwicklung und Schutz vor Defraudation ist relativ hoch.

Der Handel an den einzelnen Wertpapierbörsen ist segmentiert in den amtlichen Handel, den geregelten Freiverkehr und den ungeregelten Freiverkehr. Dabei bestehen für die Zulassung der einzelnen Wertpapiere zu jedem Börsensegment unterschiedliche Zulassungsvoraussetzungen (2). Der einzelne Anleger hat trotz fortgeschrittener Kommunikationsmedien bisher nicht die Möglichkeit, direkt am Börsenhandel teilzunehmen. Er muß sich hierzu eines Kreditinstitutes bedienen, das er in Kommission mit der Durchführung seiner Transaktionen beauftragt.

Die neuen Techniken der Datenverarbeitung und die Aufbewahrung von Wertpapieren haben das Börsengeschehen bereits stark verändert. Alle deutschen Wertpapierbörsen bedienen sich inzwischen für die Aufzeichnung der Transaktionen elektronischer Datenverarbeitungsanlagen und einige übermitteln die aktuellen Kurse über Videotext und Bildschirmtext. Die Aufbewahrung der Wertpapiere erfolgt meist durch Girosammelverwahrung bei Wertpapiersammelbanken, wobei die Wertpapiere teilweise zur Einsparung von Druckkosten und Tresorraum als Sammelurkunde oder Globalurkunde gedruckt werden (3).

Für die weitere Automatisierung des Wertpapierhandels und der Informationsübertragung gibt es aber noch zusätzliche Ansatzpunkte. So ist insbesondere zu prüfen, ob durch eine intensivere Nutzung der neuen Kommunikationsmedien an den Wertpapierbörsen zusätzliche Unternehmen an die Börse geführt und neue Anleger für die Beteiligung am Produktivvermögen gewonnen werden können. Da einzelne Segmente ausländischer Wertpapiermärkte, besonders in den USA und Japan, bereits heute einen sehr hohen Grad an Automatisierung aufweisen, kann man für eine Neugestaltung des deutschen Börsenwesens diese mit interaktiven Kommunikationssystemen gemachten Erfahrungen nutzen. Im folgenden sollen deshalb einige Beispiele für den Einsatz interaktiver Kommunikationssysteme dargestellt werden, um dann Anwendungsmöglichkeiten auf dem bundesdeutschen Wertpapiermarkt aufzuzeigen.

II. BEISPIELE FÜR DEN EINSATZ INTERAKTIVER KOMMUNIKATIONSSYSTEME

- National Securities Trading System der Cincinnati Stock Exchange

In den USA wird auf den einzelnen Marktsegmenten teilweise schon seit längerer Zeit der Wertpapierhandel über interaktive Kommunikationssysteme abgewickelt. Zugang zu den Systemen haben bis jetzt im allgemeinen nur Händler oder Großanleger. Einen hohen Grad an Automatisierung weist das an der Cincinnati Stock Exchange installierte National Securities Trading System auf (4). Als ein voll automatisiertes elektronisches Handelssystem ermöglicht es den Mitgliedern der Cincinnati Stock Exchange, ohne physisch im Börsensaal anwesend zu sein, am Handel über ein Terminal in ihrem Büro teilzunehmen. Die von den Händlern eingegebenen Aufträge werden gespeichert und in eine "input queue" eingereiht und nach Maßgabe bestimmter Prioritäten wie Preis und Eingabezeit von dem Rechner selbständig mit entsprechenden Gegenaufträgen verbunden. Das Geschäftsaufkommen ist jedoch bis jetzt relativ gering (5).

- National Association of Securities Dealers Automated Quotation System

Ende 1983 waren 4467 Wertpapiere von 3901 verschiedenen Emittenten zu dem Handel in dem National Association of Securities Dealers Automated Quotation System (NASDAQ) zugelassen (6). Der Kurswert der im NASDAQ-System gehandelten Wertpapiere betrug Ende 1983 ca. 250 Mrd $, das Handelsvolumen im Jahre 1983 188 Mrd $. Das NASDAQ-System ist ein elektronisches System zur Notierung der Kurse, das von der National Association of Securities Dealers (NASD) betrieben wird.

Für die NASD-Mitglieder stehen drei unterschiedlich ausgestattete Terminals zur Verfügung. Die "Market Makers" haben die Möglichkeit, über ein Keyboard eines sogenannten "Level III-Terminals" für diejenigen Wertpapiere, in denen sie sich als "Market Maker" betätigen, Geld-(bid-) und Brief-(ask-)Kurse einzugeben und frühere eigene Eingaben zu ändern bzw. zu streichen. Alle diese Informationen sind auf den Terminals sichtbar. Broker und Dealer, die sich nicht als "Market Maker" in den Wertpapieren mindestens eines Unternehmens betätigen, verfügen nur über ein "Level II-Terminal". Diese Terminals verbreiten dieselbe Information wie Level "III-Terminals", an ihnen können die Benutzer jedoch keine bid- und ask-Kurse eingeben. Die "Level II"- und "Level III-Terminals" ermöglichen es den Benutzern, in jedem im NASDAQ-System notierten Wertpapier den "Market Maker" zu finden, der die höchsten Geldkurse anbietet bzw. die niedrigsten Briefkurse verlangt. Die Transaktion wird dann mit diesem "Market Maker" über Telefon abgeschlossen. Für die Verkäufer aus den Brokerhäusern und deren Kunden wird über ein "Level I-Terminal" ein repräsentativer bid- und ask-Kurs verbreitet.

Die Einführung des NASDAQ-Systems senkte die Transaktionskosten und die Spannen zwischen bid- und ask-Kursen und erhöhte die Liquidität durch Verbesserung der Markttransparenz für die gehandelten Papiere. Dadurch wurde die Attraktivität dieses Segmentes des "Over the Counter" Marktes für die Anleger und auch für die gehandelten Unternehmen wesentlich erhöht (7). Über das NASDAQ-System wurde 1983 bereits fast ein Fünftel der Gesamtumsätze am amerikanischen Wertpapiermarkt abgewickelt und es entwickelt sich immer mehr zu einer Konkurrenz zu den traditionellen Börsen.

- INSTINET

Neben dem Cincinnati Stock Exchange National Securities Trading System und dem National Association of Securities Dealers Automated Quotation System gibt es noch einige andere elektronische Handelssysteme in den USA, so z. B. Institutional Network (INSTINET) (8). Die Arbeitsweise von INSTINET ist ähnlich dem National Securities Trading System der Cincinnati Stock Exchange. Ein Rechner verbindet die entsprechenden Kauf- und Verkaufsaufträge selbständig nach bestimmten Regeln. Der Zugang zu dem System ist jedoch nicht nur Brokern und Dealern vorbehalten, sondern auch institutionellen Anlegern. Die Benutzer zahlen einen Mitgliedsbeitrag und eine Gebühr je Transaktion. Die Umsätze, die über das INSTINET-System abgewickelt werden, sind bis jetzt im Vergleich zu dem NASDAQ-System und den großen Börsen relativ niedrig.

- U.S. Securities and Exchange Commission-Informationssystem

Ein sehr weitreichendes Informationssystem über die von den Publikumsgesellschaften veröffentlichten Informationen wird von der SEC aufgebaut. Dabei werden die Quartals- und Geschäftsberichte von Publikumsgesellschaften versuchsweise nicht mehr gedruckt oder kopiert veröffentlicht, sondern in einen Computer eingegeben und können dann über Telefonleitungen von Interessierten mit der Tastatur eines Heimcomputers auf einem Bildschirm abgerufen werden (9). Dies ermöglicht eine relativ schnelle und kostengünstige Übermittlung von umfangreichen Informationen, die schnell aktualisiert werden können.

- Tokyo Stock Exchange's Computer-Assisted Order Routing and Execution System

An der Börse von Tokio wurde 1982 zunächst für den Aktienmarkt kleinerer Unternehmen, dem zweiten Börsensegment, ein computergestütztes automatisches Handelssystem eingeführt (10). Nach einer erfolgreichen Versuchsphase wurde im ersten Halbjahr 1985 auch der Großteil der auf dem ersten Börsensegment gehandelten Aktien von größeren Unternehmen, insgesamt ca. 800, in das Handelssystem einbezogen. Damit werden alle Transaktionen an der Börse, bis auf die 250 am meisten gehandelten Aktien, über das automatische Handelssystem abgewickelt.

Der Handel über das Computer-Assisted Order Routing and Execution System erfolgt durch die Eingabe von Orders über ein Keyboard. Die Orders werden gespeichert und nach der Priorität Preis und bei gleichem

Preis nach Eingabezeit geordnet. Anschließend werden durch einen "Saitori", einen durch die Regierung lizenzierten Makler, oder auch automatisch innerhalb gewisser Preisspannen, die entsprechenden Kauf- und Verkauforders zu dem jeweiligen Marktkurs, der sich nach den Vorschriften der Tokyo Stock Exchange ergibt, ausgeführt. Die durchgeführten Transaktionen und deren Kurse werden gespeichert, und die Informationen über dieselben sind von den Börsenmitgliedern abrufbar.

Das neue Handelssystem besitzt zahlreiche Vorteile: Jedes Börsenmitglied kann die Ordereingabe von seinem Büro aus durchführen. Die Transaktionsgeschwindigkeit ist sehr hoch, d. h. die Zeitspanne zwischen Ordereingabe und Bestätigung über die Durchführung der Order ist sehr kurz. Außerdem werden Fehler durch mündliche Informationsübertragung vermieden, wie sie bei den traditionellen Börsensitzungen immer wieder auftreten.

Die angegebenen Beispiele zeigen Möglichkeiten der Verbesserung der Informationsübertragung und -verarbeitung im Wertpapierhandel auf. Im folgenden soll untersucht werden, inwieweit durch den Einsatz neuer Kommunikationstechnologien auf den deutschen Wertpapiermärkten Veränderungen möglich und wünschenswert sind.

III. ANSATZPUNKTE ZUR INTENSIVEREN NUTZUNG NEUER KOMMUNIKATIONSMEDIEN IM WERTPAPIERHANDEL

Ziel von Reformmaßnahmen des Handelsablaufs an den Wertpapierbörsen sollte es sein, die Leistungsfähigkeit des deutschen Kapitalmarktes zu erhöhen. Dazu kann die Nutzung neuer Kommunikationstechnologien einen Beitrag leisten, wenn durch ihren Einsatz die Transaktionskosten gesenkt, neue Unternehmen in den Börsenhandel eingeführt, zusätzliches Anlagekapital gewonnen oder die Kosten der Informationsübermittlung verringert werden können. Außerdem kann durch neue Kommunikationsmedien der Umfang der für den Anleger zur Beurteilung der Wertpapiere verfügbaren Informationen und deren Aktualität zunehmen.

Neben den bereits genutzten Möglichkeiten der Automatisation gibt es eine Reihe von zusätzlichen Anwendungsgebieten der neuen Kommunikationstechnologien, um den Ablauf des Börsenhandels zu rationalisieren und zugleich die Attraktivität der Börsen für Anleger und Emittenten zu verbessern. Die Auftragserteilung durch den Kunden, die Auftragsprüfung durch das Kreditinstitut, die Weiterleitung der Orders an die Börsenmakler, die Abwicklung des Handels und die Informationsübertragung können durch den Einsatz interaktiver Kommunikationssysteme und Rechenanlagen mit entsprechender Software rationalisiert werden.

Die Auftragserteilung könnte über ein Terminal durch die Anleger selber erfolgen. Der Auftrag würde dann von dem konto- bzw. depotführenden Kreditinstitut geprüft, an einen Rechner weitergeleitet und von diesem schließlich automatisch mit einem entsprechenden Gegenauftrag verbunden werden. Manuelle Arbeit würde bei diesen Transaktionen kaum noch benötigt.

Ebenso wäre es denkbar, daß der Anleger seine Aufträge direkt an eine computergesteuerte Vermittlungsstelle abgibt. Diese führt dann den Auftrag aus und nimmt die erforderlichen Umbuchungen auf dem Kundendepot und -konto vor. Die fehlende Definition einer öffentlichen Börse im Börsengesetz vom 22. Juni 1896 erschwert die Beurteilung, ob es sich bei einer solchen automatisierten Vermittlungsstelle um eine nach § 1 Satz 1 Börsengesetz genehmigungspflichtige Börse handeln würde. Unserer Meinung nach ist dies nicht der Fall, da eine solche automatische Vermittlungsstelle keine an einem Ort stattfindende Zusammenkunft von Kaufleuten darstellt und somit eine wesentliche Grundvoraussetzung einer genehmigungspflichtigen Börse nicht erfüllt ist (11).

Ähnlich wie für den geregelten Freiverkehr und den Telefonverkehr würden das Börsengesetz und die für den amtlichen Handel geltenden Börsenusancen keine Anwendung finden. Eine solche automatische Vermittlungsstelle bräuchte damit keine Genehmigung der zuständigen Landesregierungen, und es wäre möglich, da § 7 Abs. 2 Börsengesetz nicht greift, auch Personen, die nicht gewerbsmäßig mit Wertpapieren handeln, zum Handel über ein interaktives Kommunikationssystem zuzulassen.

Die Abwicklung von Kauf- und Verkaufaufträgen über eine oder mehrere Rechenanlagen und die Eingabe über ein Terminal durch den Anleger würde das derzeitige Börsengeschehen grundlegend ändern. Die stimmungsgeladenen und hektischen, aber den Beteiligten dennoch menschlich erscheinenden Börsensitzungen würden überflüssig werden. Dies wird von vielen Börseninteressierten sicherlich bedauert, und besonders die Betroffenen werden sich mit Vehemenz solange wie möglich gegen eine solche Entwicklung wehren und den Umstellungszeitpunkt hinauszögern. Die

Widerstände gegen den Ersatz manueller Kassierertätigkeiten durch Geldausgabeautomaten im Bankbereich sowie gegen die Roboter im Industriesektor konnten jedoch die neuen Technologien nicht lange aufhalten. Auch die Vorbehalte gegen die Rationalisierung des Handels von Wertpapieren und gegen die direkte Orderabwicklung über EDV-Anlagen werden nicht langfristiger Natur sein. Für den eigentlichen Handel und für die Kursfestsetzung sind dabei in Zukunft keine menschlichen Arbeitsleistungen mehr nötig. Erforderlich ist nur noch eine Kontrolle und Wartung des Rechners und der Software.

Die Frage, ob eine solche Börse zentral oder dezentral eingerichtet werden sollte, ist von untergeordneter Bedeutung, da auch bei der Installierung mehrerer Rechner durch eine Verbindung der einzelnen Anlagen der Handel ähnlich reibungslos wie über eine zentrale Anlage abgewickelt werden könnte. Die Mehrkosten für die notwendige Ausstattung mit Hardware für mehrere Börsenplätze sind inzwischen so gering, daß sie alleine nicht mehr als Argument für eine Börsenzentralisierung ausreichen. Gleiches gilt für die benötigte Software, wobei die Entwicklungskosten für die Software bei Verwendung derselben Software an allen Börsen weitgehend unabhängig von der Anzahl der erstellten Kopien wären. Eine Beibehaltung des dezentralen Börsensystems ließe sich dann rechtfertigen, wenn Unternehmen und Anleger durch den Wettbewerb zwischen den einzelnen Börsenplätzen durch bessere Informationen, besser differenzierte Zulassungsanforderungen oder kostengünstigere Leistungen profitieren würden.

Für die Übertragung der für den Wertpapierhandel benötigten Daten bieten sich unterschiedliche Kommunikationsnetze an (12). Das Bildschirmtext-System erscheint aus Kostengründen sehr gut für die Datenübertragung im Wertpapierhandel geeignet. Außerdem ist zu erwarten, daß Btx noch in diesem Jahrzehnt besonders bei den vorrangig als Zielgruppen anzusehenden Unternehmen und Haushalten mit höheren Einkommen relativ stark verbreitet sein wird (13). Durch den Anschluß eines externen Rechners über das Datex P Netz an das öffentliche Bildschirmtext-System besteht die Möglichkeit, den Anlegern eine große Anzahl von Informationen zur Verfügung zu stellen und ihre Orders zu bearbeiten. Der Abruf von Informationen und die Abgabe von Orders könnte dann über jeden Bildschirmtext-Anschluß erfolgen.

Wie bei allen sonstigen Vertragsabschlüssen über Bildschirmtext müßte auch hierbei sichergestellt werden, daß Unbefugte nicht im Namen anderer Bildschirmtext-Teilnehmer Verträge abschließen oder Daten ändern können und daß die abgeschlossenen Kauf- und Verkaufverträge gültig und beweisbar sind.

IV. ANWENDUNGSMÖGLICHKEITEN VON INTERAKTIVEN KOMMUNIKATIONSSYSTEMEN IM WERTPAPIERHANDEL ZUR ANLAGEBERATUNG UND INFORMATIONSÜBERMITTLUNG

Wie die Beispiele aus dem Ausland zeigen, bieten neue Kommunikationssysteme sowohl für die Ausgestaltung des Handelsablaufes als auch für die Übertragung der Informationen weiterhin Rationalisierungsmöglichkeiten.

Neben dem Einsatz interaktiver Kommunikationssysteme im Handel von Wertpapieren läßt sich in Teilbereichen auch die Beratung in Kapitalanlagefragen rationalisieren. Denkbar wäre statt der für die Bank relativ kostspieligen persönlichen Beratung des Kunden im Wertpapiermengengeschäft eine Beratung über ein interaktives Kommunikationssystem mit angeschlossenem externen Rechner. Für diese Serviceleistung könnte auch eine Gebühr verlangt werden.

Für eine qualifizierte Beratung des Kunden im Wertpapiergeschäft muß ein Berater im wesentlichen die Risikoneigung, das Liquiditätsbedürfnis, Höhe und Art der Anlage des sonstigen Vermögens, die geplante Anlagedauer und, falls der Anleger die Erträge ganz oder teilweise versteuern muß, die in etwa erwartete Höhe seines zu versteuernden Einkommens für die geplante Anlagedauer kennen. Während die meisten potentiellen Wertpapieranleger über die erwartete Höhe ihres zu versteuernden Einkommens in den nächsten Jahren annähernd Bescheid wissen und meist auch Vorstellungen über die Anlagedauer haben, läßt sich ihre jeweilige Risikoneigung und ihr effektives Liquiditätsbedürfnis nur sehr schwer ermitteln.

Zur Ermittlung der Risikoneigung wurden in der Literatur Verfahren vorgeschlagen, mit deren Hilfe man die Risikoneigung des Kunden durch Fragen abschätzen kann (14). Die Kunden ließen sich dann in Gruppen mit bestimmten Risikoneigungen einteilen, denen unterschiedlich riskante Anlagen empfohlen werden könnten. Sowohl Liquiditätsbedürfnisse als auch die geeignete Anlage bei einer bestimmten festgestellten Risikoneigung hängen im wesentlichen von dem sonstigen Vermögen des Kunden ab. Eine qualifizierte Beratung der Anlage in Wertpapieren muß das sonstige Vermögen des Kunden berücksichtigen. Dabei ist davon auszugehen, daß Kunden zu persönlichen Auskünften über die Höhe ihres gesamten Vermögens und ihres zu versteuernden Einkommens meistens nur bereit sind, wenn die Vertraulichkeit ihrer Angaben sichergestellt ist.

Gelingt es, zutreffende Informationen über Liquiditätsbedürfnisse, geplante Anlagedauer, Art der Anlage und Höhe des sonstigen Vermögens, Risikoneigung und erwarteten Steuersatz zu erhalten, so läßt sich eine qualifizierte Anlageberatung auch über einen Computer durchführen (15). Die Qualität der Beratung hängt dann im wesentlichen von der verwendeten Software und der Zuverlässigkeit der Eingabedaten ab. Eine Zuordnung einzelner Anlageempfehlungen zu bestimmten Kundengruppen, die durch die obigen fünf Merkmale bestimmt sind, wird relativ problemlos. Die Beratung wird sich dabei nicht nur auf den Wertpapierbereich beschränken können. Es wird dabei vielmehr nötig sein, den einzelnen Kunden aufgrund seiner persönlichen Bedürfnisse umfassend bei seiner Vermögensanlage zu betreuen. Die Beratung über einen Computer kann bei entsprechender Qualität der Beratungsprogramme für den Kunden nützlicher sein als ein Gespräch mit einem Anlageberater einer kleinen Bankfiliale oder Zweigstelle, der meist nicht in der Lage ist, mehrere Variable in einer Beratung zu berücksichtigen, um dem Kunden ein seinen Bedürfnissen angepaßtes Portefeuille zu empfehlen. Die Möglichkeit, dem Kunden bevorzugt Anlagen zu empfehlen, an deren Verkauf die Bank ein besonderes Interesse hat, besteht bei einer Beratung über einen Computer der Bank weiterhin, wobei sich bei den hierbei auftretenden Interessenkonflikten keine größeren Veränderungen ergeben.

Neben der Anlageberatung über interaktive Kommunikationssysteme ist es auch möglich, die nach den bestehenden Publizitätsvorschriften erforderlichen Informationen der Unternehmen den Anlegern über ein interaktives Kommunikationssystem zugänglich zu machen. Um eine Vergleichbarkeit der einzelnen Wertpapiere zu gewährleisten und wegen der begrenzten Informationsverarbeitungskapazität der Anleger empfiehlt sich eine weitgehende Standardisierung der übermittelten Informationen. Die Veröffentlichung falscher Informationen sollte unabhängig von ihrer strafrechtlichen Ahndung mit einer Konventionalstrafe belegt werden.

Dem interessierten Anleger stünden mit diesem System zu kostengünstigen Bedingungen umfangreiche und aktuelle Informationen für seine Anlageentscheidung zur Verfügung. Bei einer ausreichenden Verbreitung des Systems könnte man besonders den kleineren Unternehmen die Möglichkeit einräumen, ihren gesetzlich vorgeschriebenen Publizitätspflichten nur noch über das neue Kommunikationssystem nachzukommen. Um Kosten und Zeit zu sparen und um Übertragungsfehler zu verhindern, wäre eine direkte Eingabe der Daten des Unternehmens in externe Rechner wünschenswert. Dabei müßten alle eingegebenen Daten gesichert werden, um bei Streitigkeiten als Beweismittel dienen zu können.

V. HANDEL VON WERTPAPIEREN ÜBER INTERAKTIVE KOMMUNIKATIONSSYSTEME UND EINE ELEKTRONISCHE BÖRSE BEI ZWISCHENSCHALTUNG VON KREDITINSTITUTEN

Interaktive Kommunikationssysteme sind sowohl zur Beratung und Übertragung der von den Anlegern zur Beurteilung der Emittenten benötigten aktuellen Informationen als auch zusammen mit einem geeigneten externen Rechner zur direkten Vermittlung von Wertpapiergeschäften geeignet (16). Bei dem Einsatz solcher Systeme ist zu entscheiden, ob den Anlegern der direkte Zugang über interaktive Kommunikationssysteme zu den zwischen Kauf- und Verkaufsangeboten vermittelnden elektronischen Börsen ermöglicht werden kann oder ob dies durch Zwischenschaltung eines Kreditinstituts, das die Aufträge prüft und dann an eine Rechenanlage weiterleitet, erfolgen sollte. Bei den hohen Speicher- und Rechnerkapazitäten moderner Großrechenanlagen ist es technisch zwar möglich, die Transaktionen ohne Zwischenschaltung eines Kreditinstitutes durchzuführen. Eine Prüfung des Auftrages durch das konto- und depotführende Kreditinstitut auf die formale Richtigkeit der Angaben und auf die Deckung des Verrechnungskontos oder das Vorhandensein der Wertpapiere im Depot des Kunden erscheint jedoch notwendig.

Zur Einführung eines neuen Systems des Wertpapierhandels ist die Mitwirkung der Kreditwirtschaft oder wenigstens einiger Kreditinstitute erforderlich. Die Banken und Sparkassen wickeln heute nicht nur den Großteil des Wertpapierhandels ab, sondern verfügen auch über die besten Beziehungen zu den potentiellen Börseninteressenten. Ein Versuch, ein neues Wertpapierhandelssystem gegen die Interessen der Kreditinstitute durchzusetzen, wäre deshalb äußerst schwierig. Um die Akzeptanzprobleme zu verringern, aber auch um eine weitere Konzentration im Wertpapierhandel zu verhindern, die durch eine zentrale Konten- und Depotführung begünstigt würde, empfiehlt sich eine Fortführung der maßgeblichen Einbeziehung der Kreditinstitute in den Wertpapierhandel. Der Kunde würde wie bisher bei einem Kreditinstitut ein Wertpapierdepot und ein Konto unterhalten. Bei Erteilung eines Auftrages über ein Terminal prüft das Kreditinstitut automatisch, ob der Kunde über das nötige Guthaben oder eine Kreditzusage in der benötigten Höhe verfügt bzw. ob sich die entsprechenden Wertpapiere in seinem Depot befinden. Dabei können diese Tätigkeiten vom Rechner der Bank ausgeführt werden. Sind beim Kunden sämtliche Voraussetzungen für eine Wertpapiertransaktion gegeben, so leitet das Kreditinstitut den Auftrag an einen zentralen Rechner weiter, wo er gespeichert und dann mit einem oder mehreren entsprechenden Gegenaufträgen zusammengebracht wird.

Zur Sicherung der einzelnen Transaktionen bietet es sich an, ein ähnliches System, wie es von den meisten Banken bereits zur Sicherung der Transaktionen bei den Bildschirmtext-Konten verwendet wird, einzuführen. Die Sicherung erfolgt im allgemeinen durch die Eingabe einer persönlichen Identifikationsnummer (PIN) und einer Transaktionsnummer (TAN), die nur einmal verwendet werden kann (17).

Der Einsatz von interaktiven Kommunikationssystemen und von Computern ermöglicht den Handel zwischen einzelnen Anlegern ohne Verrichtung von manueller Arbeit. Die Aufträge werden über ein Terminal in einen zentralen Rechner eingegeben und dort zunächst gespeichert, um dann mit einem entsprechenden Gegenauftrag verbunden zu werden (18). Die Übertragung der Eigentumsrechte an dem gehandelten Wertpapier erfolgt dann durch eine Änderung im Datenspeicher der Depotbanken des Verkäufers und des Käufers. Umgekehrt findet eine Überweisung von dem Konto des

Käufers auf das Konto des Verkäufers statt. Die Wertpapiere, sofern überhaupt noch eine reale Stückelung erfolgt (19), befinden sich weiterhin in dem Tresorraum einer Wertpapiersammelbank. Die Übertragung der Eigentumsrechte kann ohne Vermittlung eines Maklers oder Händlers erfolgen.

Die elektronische Börse könnte parallel zu den derzeit bestehenden Börsen betrieben werden bzw. eine oder mehrere der acht Wertpapierbörsen könnten den Handelsablauf weitgehend automatisieren. Bei unterschiedlichen Kursen zwischen der elektronischen Börse und den anderen Börsen würde es zu Arbitrageprozessen kommen, die die Kursunterschiede wieder ausgleichen. Die Zulassung von Wertpapieren zum Handel könnte ähnlich wie heute durch die Zulassungsstelle gehandhabt werden. Zur Regelung von Streitigkeiten wäre weiterhin eine Schiedsgerichtsstelle notwendig. Die notwendige Aussetzung des Handels bei besonders auffälligen Kurssprüngen könnte in der Software berücksichtigt werden. Die Entscheidung über eine Wiederaufnahme des Handels sollte aber weiterhin Börsenorganen vorbehalten bleiben. Der routinemäßige Handel könnte voll automatisiert werden, für die Zulassung von Wertpapieren oder andere außergewöhnliche Entscheidungen wären aber nach wie vor die Börsenorgane zuständig.

Transaktionen könnten infolge der vollständigen Automatisierung zu jeder Tages- oder Nachtzeit und auch an Wochenenden und Feiertagen stattfinden. Um jedoch besonders in der Anfangsphase bei niedrigen Umsätzen zu hohe Wartezeiten und Kursschwankungen zu verhindern, empfiehlt es sich, die Handelstätigkeit, ähnlich wie bei der jetzigen Börsenstruktur, vorerst auf wenige Stunden am Tag zu konzentrieren, wobei jedoch auch an Wochenenden und an Feiertagen ein Handel möglich sein sollte. Die Eingabe von Orders müßte aber jederzeit möglich sein. Sie sind dann bis zu ihrer Ausführung zu speichern. Denkbar ist auch, daß die Transaktionen von bestimmten Wertpapieren, wobei die Einteilung nach Branchen oder Größe erfolgen könnte, jeweils zu einer bestimmten Tageszeit ausgeführt werden. Dadurch würde eine gleichmäßigere Auslastung des Rechners sichergestellt, man könnte eine kleine Anlage verwenden, und die Wartezeiten würden relativ niedrig gehalten werden.

VI. DIREKTER WERTPAPIERHANDEL ÜBER INTERAKTIVE KOMMUNIKATIONSSYSTEME AN EINER INNOVATIONSBÖRSE

In der Bundesrepublik Deutschland existiert zur Zeit kein leistungsfähiger Markt für Eigenkapitaltitel innovativer und damit risikoreicher kleiner und mittlerer Unternehmen. An den deutschen Wertpapierbörsen waren in der Zeit nach dem Zweiten Weltkrieg Neuemissionen eine Seltenheit. Auch die Belebung des Neuemissionsgeschäftes in den letzten Jahren ermöglichte nur relativ wenigen Unternehmen, ihre Eigenkapitalnachfrage durch die öffentliche Emisssion von Aktien zu befriedigen, wobei die Kapitalaufnahme kleiner, risikoreicher Unternehmen an dem gesamten Neuemissionsvolumen nur einen geringen Anteil hatte (20). Die Gründe für die im Vergleich zu den USA niedrige Zahl kleinerer Unternehmen, die in der Bundesrepublik öffentlich gehandelt werden, sind außer in steuerlichen, gesellschaftspolitischen, rechtlichen und mentalitätsmäßigen Unterschieden zwischen den USA und der Bundesrepublik auch in den Unterschieden im Bankensystem und in der Organisation des Wertpapierhandels zu suchen.

Um den Kapitalmarktzutritt kleinerer Unternehmen zu verbessern, wurden in einigen anderen westlichen Industriestaaten, so z. B. in Großbritannien, Frankreich, in den Niederlanden und Dänemark spezielle Märkte für Beteiligungen an mittelgroßen Unternehmen errichtet (21).

In der Bundesrepublik wurde zur Verbesserung der Marktzutrittsmöglichkeiten kleiner und mittlerer Unternehmen die Schaffung eines neuen Kapitalmarktsegmentes vorgeschlagen (22). Dabei existieren unterschiedliche Vorstellungen über die Ausgestaltung. Von der Börsensachverständigenkommission wurde im Frühjahr 1983 der Vorschlag zur Errichtung eines dezentral organisierten Börsenparallelmarktes an den bestehenden Börsen gemacht. Ausgehend von diesen Vorschlägen erarbeitete das Finanzministerium einen Entwurf über ein Gesetz zur Einführung eines neuen Marktabschnittes an den Wertpapierbörsen, das die rechtliche Grundlage für den geplanten neuen Marktabschnitt darstellen soll. Der Entwurf legt dabei nur den Rahmen für das neue Marktsegment fest und überläßt die Ausgestaltung weitgehend den einzelnen Börsen (23).

Eine dezentrale Organisation des neuen Marktsegmentes erscheint jedoch wegen des zu erwartenden relativ niedrigen Handelsvolumens, aus Kostengründen, aus Marketinggesichtspunkten und zur Gewährleistung einer fachkundigen und leistungsfähigen, auf die Bedürfnisse des Handels kleinerer Unternehmen spezialisierten Börsenorganisation nicht besonders geeignet.

Ein solches Marktsegment sollte vielmehr eine Zentralinstanz darstellen und auf den Handel von Anteilen innovativer mittelständischer Unternehmen spezialisiert sein (24). Ein gut einprägsamer Name für ein solches zentral organisiertes Marktsegment wäre besonders unter Marketinggesichtspunkten der Begriff "Innovationsbörse". Die Zielgruppen an der Innovationsbörse wären einerseits innovative mittelständische Unternehmen als Emittenten und andererseits Anleger, die aufgrund ihres Vermögens bereit und in der Lage sind, das hohe wirtschaftliche Risiko der Finanzierung innovativer Unternehmen zu tragen.

Die Innovationsbörse könnte ähnlich wie der geregelte Freiverkehr an einer der bereits bestehenden Börsen angesiedelt sein. Sie ließe sich aber auch völlig unabhängig von den bestehenden Börsen betreiben. Träger dieser Börse könnten unter anderem bestehende Wertpapierbörsen, ein oder mehrere Kreditinstitute oder die Industrie- und Handelskammern sein. Die Innovationsbörse müßte jedoch in ihrer Geschäftstätigkeit weitgehend selbständig agieren können.

Um Defraudationsrisiken möglichst niedrig zu halten, sollten zunächst nur Aktien zum Handel an einer Innovationsbörse zugelassen werden, da die Rechtsform der Aktiengesellschaft unter Anlegerschutzgesichtspunkten für eine Publikumsgesellschaft besonders geeignet erscheint. Aufgrund der unterschiedlichen steuerlichen Belastung - sowohl von Personen- und Kapitalgesellschaften als auch des Eigen- und Fremdkapitals und den hohen Umwandlungskosten erscheint es überlegenswert, Genußscheine, die Mindestanforderungen bezüglich des Anlegerschutzes erfüllen und weitgehend standardisiert sind, zuzulassen. Die Emission von diesen Genußscheinen sollte unabhängig von der Rechtsform gewährleistet werden. Grundsätzlich sollten alle Unternehmen, die gewisse anlegerschützende Mindestanforderungen erfüllen, die Möglichkeit einer Emission an der Innovationsbörse haben. Eine Einschränkung auf Unternehmen aus dem "High Technology" Bereich ist wegen der Probleme bei der Abgrenzung nicht praktikabel und infolge der geringen Anzahl dieser Unternehmen nicht wünschenswert.

Für die gehandelten Unternehmen sind keine Größenbeschränkungen einzuführen. Das Emissionsvolumen, das der Öffentlichkeit angeboten wird, sollte bei der Neuemission mindestens DM 500.000,-- Nominalwert betragen, wobei aufgrund der Emissionsfixkosten der Nominalwert meist höher sein wird. Überlegenswert erscheint, wie in den Vereinigten Staaten bei den meisten Erstemissionen üblich, aus Anlegerschutzgründen für die bisherigen Anteilsinhaber ein Veräußerungsverbot ihrer Anteile für mindestens drei Jahre einzuführen. Um einen Machtmißbrauch durch Insider zu erschweren (25), sollten Mitglieder der Unternehmensleitung und Großaktionäre mit mehr als 10 % der Aktien Anteilsbesitz sowie Änderungen ihres Anteilsbesitzes der Zulassungsstelle mitteilen oder öffentlich bekanntgeben. Insiderhandel zum Schaden anderer Anleger ist mit einer Konventionalstrafe zu ahnden.

Die Zulassung von Unternehmen an einer Innovationsbörse sollte, da sich die deutschen Kreditinstitute bei Neuemissionen risikoreicher Unternehmen zurückhielten, sowohl von einem Kreditinstitut betrieben werden können als auch von Emissionshäusern, die sich auf die Emission von Wertpapieren spezialisiert haben und gewisse Mindestanforderungen bezüglich der Bonität erfüllen. Wie der Emissionsmarkt in den USA zeigt, sind besonders kleine Broker-Häuser, die in Deutschland infolge ihres geringen Eigenkapitals keine Zulassung als Kreditinstitut erlangen würden, bei der Emission von Anteilen kleiner Unternehmen besonders aktiv (26). Kleine Emissionshäuser könnten einer großen Anzahl von mittelständischen Unternehmen, an deren Emission Kreditinstitute nicht interessiert sind, den Zutritt zu der Innovationsbörse ermöglichen. Eine wichtige Aufgabe von Emissionshäusern wäre auch die Beratung des oft in Finanzfragen unerfahrenen Emittenten nach der erfolgten Emission. Außer den Anteilen innovativer Unternehmen könnten an einer Innovationsbörse auch die Anteile von Venture Capital Gesellschaften, Kapitalbeteiligungsgesellschaften und Unternehmensbeteiligungsgesellschaften gehandelt werden.

Für die Informationsübertragung und Datenverarbeitung sollten an der Innovationsbörse neue Techniken und Organisationsstrukturen eingesetzt werden. Die relativ niedrigen Kosten für die Informationsübertragung und -verarbeitung und die hohe Trefferwahrscheinlichkeit von Angebot und Nachfrage durch die Möglichkeit der Speicherung der einzelnen limitierten Orders, werden dann auch für kleinere Unternehmen den Gang an eine Innovationsbörse attraktiv erscheinen lassen.

Die Änderung bestehender Organisationsstrukturen wird sich immer als schwierig erweisen und auf den Widerstand der durch die Änderung Benachteiligten stoßen. Bei der Errichtung einer neuen Organisation wie der Innovationsbörse, auf der Titel von Unternehmen gehandelt werden, die wegen ihres geringen Emissionsvolumens und hohen Risikos derzeit über keinen Zutritt zu einem organisierten Markt für Eigenkapital verfügen, lassen sich technische Neuerungen leichter durchführen. An einem solchen Marktsegment für innovative Unternehmen bietet es sich an, von Anfang an neue Kommunikationssysteme und Handelstechniken einzusetzen. Von neuen Technologien begeisterte Anleger sind auch eher bereit, sich im Wertpapierhandel neuer Handelstechniken zu bedienen. Auf diesem Segment des Wertpapiermarktes könnte man durch einen hohen Grad an Automatisation die Transaktionskosten niedrig halten. Außerdem könnte der Anleger direkt am Handel teilnehmen und somit jederzeit zu dem aktuellen Kurs seine Transaktion durchführen. Der Anleger sollte auch die Möglichkeit haben, aktuelle Informationen, die er zur Beurteilung des Wertes der gehandelten Wertpapiere benötigt, abzurufen.

Die fachkundige Bedienung eines Terminals stellt selbst bei einer benutzerfreundlichen Ausgestaltung der Software und der Hardware für nicht an den Umgang mit Computern Gewöhnte relativ hohe Anforderungen. In der nächsten Zeit ist jedoch damit zu rechnen, daß ein immer größerer Anteil der Bevölkerung in der Lage ist, Computer zu bedienen. Den Anlegern wird es keine Probleme bereiten, nach einer kurzen Anleitung ihre Transaktionen selbständig zu tätigen. Besonders den im Wertpapiergeschäft als Anleger auftretenden Unternehmen und vermögenden Privatpersonen wird der Umgang mit Computern in naher Zukunft vertraut sein. Personen, die dazu nicht in der Lage sind oder nicht auf eine persönliche Beratung verzichten wollen, sollten die Möglichkeit haben, ihre Transaktionen durch einen Bankmitarbeiter durchführen zu lassen. Die dabei anfallenden zusätzlichen Kosten könnten gegebenenfalls den Kunden in Rechnung gestellt werden.

Um eine Überbelastung der Kapazität des Rechners zu vermeiden, könnte es notwendig sein, eine Mindesthöhe für die einzelne Order festzulegen oder Orders, die unter einer bestimmten Mindesthöhe liegen, vor der Verarbeitung zu größeren Parten zusammenzufassen.

Die Anleger an einer solchen Börse sollten die Möglichkeit haben, ihre Aufträge direkt an den Rechner abzugeben, der dann entsprechende Aufträge miteinander verbindet (27). Die für die Umbuchung benötigten Konten und Depots der einzelnen Anleger könnten entweder zentral bei der Innovationsbörse eingerichtet sein, wobei die Innovationsbörse nach § 1 Kreditwesengesetz dann ein Kreditinstitut sein müßte und somit den Vorschriften und der Aufsicht für Kreditinstitute unterläge, oder dezentral bei den mit der Innovationsbörse kooperierenden Kreditinstituten. Vorteile einer zentralen Führung der Depots für die an einer Innovationsbörse gehandelten Wertpapiere und der für den Handel benötigten Konten wäre die relativ problemlose Prüfung der Aufträge. Nachteil ist, daß die Anleger über ein zusätzliches Konto und Depot für die an der Innovationsbörse gehandelten Wertpapiere verfügen müßten, wobei infolge der Automation niedrige Gebühren und kurze Überweisungszeiten zwischen einzelnen Konten möglich sind. Für eine dezentrale Konten- und Depotführung spricht, daß eine zusätzliche Konzentration im Wertpapierhandel vermieden wird und daß das Interesse der Kreditinstitute an einer Kooperation mit der Innovationsbörse, das für den Erfolg einer Innovationsbörse von großer Bedeutung ist, sicherlich größer ist, wenn diese am Konto- und Depotgeschäft beteiligt sind.

Wenn möglich, sollten daher Transaktionen von einem bestehenden Konto und Depot des Anlegers bei einem Kreditinstitut direkt ausgeführt werden können. Ausländischen Anlegern und Anlegern, die ein Depot und/oder Konto nur bei einem Kreditinstitut unterhalten, das nicht mit der Innovationsbörse kooperiert, könnte dennoch die Möglichkeit eingeräumt werden, direkt bei der Innovationsbörse ein Konto zu unterhalten.

Die Anleger an einer solchen Börse bräuchten auf die wirtschaftlichen Risiken nur hingewiesen und vor diesen nicht besonders geschützt werden. da sie gerade besonders riskante Anlagen suchen. Das Gesamtrisiko eines Portefeuilles eines Anlegers kann durch zusätzliche Diversifikation bei einer Anlage in riskanten Papieren einer Innovationsbörse gegebenenfalls sinken (28). Vor Betrug sollten die Anleger jedoch durch eine Börsenordnung, Insiderhandelsrichtlinien und - falls auch andere Titel als Aktien gehandelt werden - durch mit den Vorschriften im Aktiengesetz vergleichbare Regelungen weitgehend geschützt werden.

Die von den Unternehmen veröffentlichten Informationen sind zur besseren Vergleichbarkeit weitgehend zu standardisieren und in einer der Innovationsbörse angeschlossenen Datenbank zu speichern. Den Anlegern sollte die Möglichkeit offen stehen, direkt über ein interaktives Kommunikationssystem Daten abzurufen. Um die Kostenbelastung für die an einer Innovationsbörse gehandelten Unternehmen zu verringern, ist zu fordern, daß der Gesetzgeber die Möglichkeiten der neuen Kommunikationssysteme berücksichtigt und besonders kleinen Unternehmen die Wahl läßt, statt den relativ kostspieligen gesetzlich vorgeschriebenen gedruckten Veröffentlichungen, die entsprechenden Informationen nur über ein interaktives Kommunikationssystem zu verbreiten. Der interessierte Anleger hätte dann mindestens so gute Informationsmöglichkeiten wie bisher.

VII. PROBLEME BEI DEM EINSATZ INTERAKTIVER KOMMUNIKATIONSSYSTEME IM WERTPAPIERHANDEL

Der Erfolg des Einsatzes interaktiver Kommunikationssysteme im Wertpapierhandel hängt weitgehend von der Verbreitung solcher Systeme bei den Anlegern ab und von deren Bereitschaft, diese zu benutzen. Mittel- und langfristig ist besonders bei den im Wertpapiergeschäft als Anleger auftretenden Unternehmen und vermögenden Privatpersonen eine weitgehende Verbreitung von geeigneten BTX-Teilnahmeeinrichtungen zu erwarten. Diese Anlegergruppen werden bei der Selbstbedienung über das System keine großen Probleme haben, so daß bei entsprechend attraktiver Ausgestaltung und einer Kooperation der Kreditinstitute das Informationsangebot und die Möglichkeiten des automatisierten Handels relativ umfangreich genutzt werden.

Bei der Verwendung neuer Medien zur Datenübertragung und bei der elektronischen Datenverarbeitung bestehen eine Reihe von Sicherheitsrisiken, die vor einer allgemeinen Anwendung gelöst werden müssen. Wie die Erfahrung in den USA und auch in Europa zeigt, ist das Eindringen von "Hackern" in offene Systeme nur sehr schwer zu verhindern (29). Ein hoher Sicherheitsstandard erweist sich als sehr kostenaufwendig und führt zu einem System. das von dem einzelnen Benutzer nur schwer bedient werden kann. Dieser Interessenkonflikt läßt sich nicht verhindern. Besonders die Selbstbedienung im Wertpapierhandel, bei dem hohe Summen transferiert werden, erfordert ein hohes Maß an Sicherheit, aber auch niedrige Kosten und hohe Bedienungsfreundlichkeit, um eine breite Akzeptanz bei den Anlegern zu erreichen. Problematisch ist die Behandlung von falsch durch die Käufer oder Verkäufer eingegebenen Orders sowie die Rechtsgültigkeit und Beweisbarkeit der durch Abgabe von Willenserklärungen über ein Keyboard abgeschlossenen Verträge.

Die Höhe der Transaktionen könnte für alle Anleger begrenzt werden, was jedoch wegen der unterschiedlichen Bedürfnisse der Anleger die Attraktivität des Systems besonders für Großanleger stark vermindern würde. Sinnvoller erscheint hier eine Limitierung, die für die einzelnen Anleger unterschiedlich hoch festzusetzen ist. Orders über höhere Beträge könnten dann nur nach besonderen Sicherheitsvorkehrungen abgegeben werden.

VIII. VORTEILE DURCH DEN EINSATZ INTERAKTIVER KOMMUNIKATIONSSYSTEME

Die weitgehende Automatisierung des Handelsablaufes und die Kundenselbstbedienung bei der Auftragserteilung werden zu einer Senkung der Transaktionskosten führen. Außerdem besteht für den Anleger die Möglichkeit, Aufträge rund um die Uhr abzugeben, wobei die Ausführung entweder nur zu bestimmten Zeiten erfolgen wird oder, besonders bei weniger häufig gehandelten Papieren, teilweise größere Wartezeiten zwischen Auftragserteilung und Abwicklung eines Auftrages eintreten. Aufträge, die nicht sofort ausgeführt werden können, werden für eine bestimmte Zeit gespeichert.

Während der Handelszeit hat der Anleger die Möglichkeit, zu dem jeweils aktuellen Kurs Transaktionen durchzuführen. Die Möglichkeit, den Anleger kostengünstig mit umfangreichen und aktuellen Informationen zu versorgen, läßt erwarten, daß die Transparenz und damit die Effizienz (30) des Wertpapiermarktes erhöht wird, da nun eine größere Anzahl von Anlegern die für die Beurteilung der Wertpapiere wichtigen Informationen und den jeweiligen Kurs schneller erhalten können als bisher. Durch die niedrigeren Transaktionskosten (31) und die anlegerfreundliche Möglichkeit der Auftragserteilung zum Kauf bzw. Verkauf von Wertpapieren über das eigene Terminal rund um die Uhr wird auch die Attraktivität der Wertpapieranlage im Vergleich zu anderen Anlageformen erhöht. Der Anleger kann jetzt kurzfristig liquide Mittel in Wertpapieren anlegen. Die Hemmschwelle, kleine Transaktionen durchzuführen, wird verringert, da diese anonym über den Bildschirm erfolgen und nur noch niedrige Kosten verursachen.

Durch den Einsatz neuer Kommunikationssysteme und moderner Datenverarbeitungstechnik können neue Marktsegmente geschaffen werden. Bedarf besteht dabei besonders für Risikokapitaltitel von mittelständischen innovativen Unternehmen, für die bis jetzt kein leistungsfähiger Markt existiert. Für Anteile dieser Unternehmen ließe sich mit relativ geringem Aufwand durch Anschluß eines externen Rechners an das Bildschirmtextsystem ein Markt schaffen, auf dem Kauf- und Verkaufsangebote zusammentreffen. Infolge der Marktenge wird es bei einzelnen Werten bei limitierten Aufträgen an einigen Tagen zu keinen

Transaktionen kommen. Die Möglichkeit aber, die Aufträge mit der jeweiligen Limitierung solange zu speichern, bis sie ausgeführt oder gelöscht werden, dürfte selbst Anteilen kleiner Unternehmen eine relativ hohe Liquidität geben.

Der Einsatz interaktiver Kommunikationssysteme und eines vollautomatisierten Handelssystems kann ein wichtiger Beitrag zur Erhöhung der Attraktivität des Finanzplatzes Deutschland auch für ausländische Anleger und Emittenten sein. Die hohe Leistungsfähigkeit und die niedrigen Transaktionskosten bei Anwendung solcher Systeme könnten die Stellung des deutschen Börsensystems im Wettbewerb mit anderen Börsenplätzen verbessern und somit die Umsätze aber auch die Anzahl der gehandelten Wertpapiere erhöhen.

Die weitgehende Automation des Wertpapierhandels wird sich nicht verhindern, höchstens verzögern lassen. Sollten die bestehenden deutschen Wertpapierbörsen infolge der Widerstände der Betroffenen nicht die sich bietenden Möglichkeiten der neuen Techniken zur Erhöhung der Leistungsfähigkeit ausnützen und den Handel weitgehend automatisieren, so wird ein immer größerer Teil sowohl des Emissionsgeschäftes als auch der Umsätze auf leistungsfähigere Märkte im Ausland oder auch auf neue im Inland entstehende Konkurrenzmärkte ausweichen. Ohne weitere Automation ist zu erwarten, daß ein immer größer werdender Teil des Wertpapiergeschäftes an den bestehenden deutschen Börsen vorbei abgewickelt wird. Maßnahmen, die die Leistungsfähigkeit des Kapitalmarktes erhöhen, sollten wegen dessen großer Bedeutung für die Wirtschaft möglichst unverzüglich durchgeführt werden.

ANMERKUNGEN

1) Zu den Transaktionskosten an den verschiedenen Börsen vgl. z. B. Bley, Siegfried, Börsen der Welt. Handbuch des internationalen Wertpapierhandels, seine Bestimmungen und Usancen, Frankfurt/M. 1977

2) Vgl. Hielscher, Udo, Börsen der Bundesrepublik Deutschland, in: Obst, Georg, Geld-, Bank- und Börsenwesen, 37. Aufl., hrsg. v. Norbert Kloten und Johann von Stein, Stuttgart 1980, S. 804 - 862

3) Vgl. Peters, Klaus, Wertpapierfreies Effektensystem - Eine Untersuchung der faktischen und rechtlichen Möglichkeiten einer

Weiterentwicklung des herrschenden Effektenwesens, Baden-Baden 1978, S. 17-26 und Delorme, Hermann, Automation im Wertpapierhandel, hrsg. v. Vorstand der Frankfurter Wertpapierbörse, Frankfurt/M. 1982

4) Vgl. dazu US-Securities and Exchange Commission, A Monitoring Report on the Operation of the Cincinnati Stock Exchange National Seurities Trading System. May 1981, S. 4 ff.

5) Vgl. o. V., Kein Börsenhandel per Computer? In: Börsenzeitung, Nr. 207 vom 27.10.1983, S. 4

6) Vgl. zu den folgenden Ausführungen: National Association of Securities Dealers Inc. Nasdaq Fact Book 1983, und Poser, Norman, Restructuring the Stock Market: A critical look at the SEC's National Market System, in: New York University Law Review, Vol. 56, Nov./Dec. 1981, S. 883-956

7) Vgl. dazu z.B. o.V., From over-the-counter to over-the-computer, in: NASDAQ - A Euromoney Survey, Euromoney Supplement, March 1985, S. 4 - 6

8) Vgl. dazu Young, Allen, The American Over the Counter Markets, in: Venture Capital Markets for the Regeneration of Industry-Proceedings of the Symposium held in Luxembourg, 23.-25. November 1983, ed. by John Michel Gibb, Amsterdam - New York - Oxford 1983, S. 129-141, hier S. 135

9) Vgl. o. V., Börsencomputer-Edgar sorgt für Publizität, in: Wirtschaftswoche, Nr. 19, 38. Jg., 1983, S. 136-138

10) Vgl. zu den folgenden Ausführungen: Tokyo Stock Exchange, Tokyo Stock Exchange's Computer-Assisted Order Routing and Execution System, hrsg. v. Tokyo Stock Exchange, May 1985

11) Zur juristischen Definition einer Börse vgl. Müller-Stahl, Ingo, Der geregelte Freiverkehr, Diss. Köln 1971, S. 29-46

12) Zu den unterschiedlichen, von der Deutschen Bundespost angebotenen Kommunikationsnetzen und deren Kosten vgl. Lazak, Dieter, Bildschirmtext - Technische Leistung und wirtschaftliche Anwendung neuer Kommunikationstechnik. München 1984, S. 404-447

13) Vgl.Diebold Deutschland GmbH (Hrsg.), Bildschirmtext 1983 Stand und Entwicklungstendenzen 1983 - 1988, Frankfurt/M. 1983

14) Vgl. dazu Gerke, Wolfgang/Heilig. Klaus., Das Polaritätendiagramm als Methoden zur Bestimmung der Risikoneigung, in: Psychologie und Praxis, Bd. XIX, Juli-September 1975, S. 107-116

15) Vgl. Janowski, Wolfgang, Computergestützte Anlage und Vermögensberatung, München - Florenz 1982, S. 127

16) Vgl. die obigen Beispiele für den Einsatz im Ausland und die dortigen Literaturhinweise. Zur Frage der automatischen Kursermittlung vgl. auch Hakansson, Nils/Beja, Avraham/Kale, Jivendra, On the Feasility of Automated Market Making by a Programmed Specialist, in: The Journal of Finance, Vol. 40, No. 1, March 1985, S. 1-20

17) Vgl. z. B. Warnecke, Christoph, Bildschirmtext und dessen Einsatz bei Kreditinstituten, Gröbenzell 1983, S. 55

18) Vgl. Meier-Durrer, Organisation und Automation der Effektenbörse, s. bes. S. 156-203

19) Vgl. zu den Problemen eines wertpapierfreien Effektensystems Peters, Klaus, a.a.O., S. 125-154

20) Vgl. z. B. die Aufstellung der Börsenneueinführungen der letzten Jahre bei Karsch, Werner , Neuemissionen, Publicity für die Aktie, in: Die Bank, Nr. 1/1985, S. 41-43

21) Vgl. Schmidt, Hartmut, Special Stock Market Segments for Small Company Shares. Situation and Perspective, in: Venture Capital Markets for the Regeneration of Industry, Proceedings of the Symposium held in Luxembourg, 23.-25. November 1983, ed. by John Michel Gibb, Amsterdam - New York - Oxford 1984, S. 97-106

22) Vgl. z. B. Börsensachverständigenkommission, Vorschläge der Börsensachverständigenkommission beim Bundesfinanzministerium, Erleichterung des Zugangs von Unternehmen zur Börse durch Schaffung eines neuen Marktes, 1983; Pütz, Paul/Willgerodt, Hans, Gleiches Recht für Beteiligungskapital, Vorschläge zur Reform von Unternehmensrecht und Kapitalmarkt, Baden-Baden 1985, S. 77-84; Albach, Horst et al., Zur Versorgung der deutschen Wirtschaft mit Risikokapital, in: ifm-Materialien, Nr. 9, Bonn 1983

23) Vgl. Entwurf über ein Gesetz zur Einführung eines neuen Marktabschnittes und zur Durchführung der Richtlinien des Rates der Europäischen Gemeinschaften vom 5. März 1979, vom 17. März 1980 und

vom 15. Februar 1982 zur Koordinierung börsenrechtlicher Vorschriften. BMF VII B 2-W 6061 45/85. Bonn 1985

24) Vgl. Gerke, Wolfgang. Die Rolle der Kapitalbeteiligungsgesellschaften und Kreditinstitute bei der Technologiefinanzierung - Innovationsbörse Berlin, in: Workshop 83, Venture Capital für junge Technologieunternehmen, 9. und 10. Juni 1983 im ICC Berlin, veranstaltet durch Bundesministerium für Forschung und Technologie und Senator für Wirtschaft und Verkehr, Berlin, hrsg. v. Eduard Heilmayr, Haar bei München 1983

25) Vgl. zur Insiderproblematik z. B. Pfisterer, Uwe, Machtmißbrauch im Wertpapierhandel durch Insider, Tübingen 1976

26) Vgl. US-Small Business Administration - US-Securities and Exchange Commission, Initial Public Offerings of Common Stock: The Role of Regional Broker-Dealers in the Capital Formation Process - Phase I Report, March 1980

27) Zu Demonstrationszwecken wurde dazu ein Programm getestet, das anhand eingegebener Aufträge den Marktkurs ermittelt und die Abwicklung der Transaktionen vornimmt. Sofern keine Kurse in Folge von fehlenden entsprechenden Gegenaufträgen zustande kommen, wird zunächst nur der jeweilige Geld- und Briefkurs verbreitet.

28) Vgl. dazu Gerke, Wolfgang/Philipp, Fritz, Finanzierung, Stuttgart 1985, S. 51-77

29) Beispiele für die Tätigkeiten von Hackern vgl. z. B. Heine, Werner, Die Hacker, Reinbek bei Hamburg 1985

30) Effizienz im Sinne von FAMA, der unter einem "efficient capital market" einen Markt versteht, in dem im Preis der Wertpapiere alle relevanten Informationen enthalten sind. Vgl. Fama, Eugene, Efficient Capital Markets: a Review of Theory and Empirical Work, in: Journal of Finance, Vol. 25, May 1970, S. 383-417

31) Vgl. dazu auch Schmidt, Hartmut, Vorteile und Nachteile eines integrierten Zirkulationsmarktes für Wertpapiere gegenüber einem gespaltenen Effektenmarkt, Brüssel 1977, bs. S. 353-363

IX. LITERATUR

ALBACH, Horst et al., Zur Versorgung der Deutschen Wirtschaft mit Risikokapital, in: ifm-Materialien, Nr. 9, Bonn 1983

BÖRSENSACHVERSTÄNDIGENKOMMISSION, Vorschläge der Börsensachverständigenkommission beim Bundesfinanzministerium zur Erleichterung des Zugangs von Unternehmen zur Börse durch Schaffung eines neuen Marktes, 1983

BOTTLER, Jörg, Die Automatisierung und Zentralisierung der Wertpapierbörse mittels einer Elektronischen Datenverarbeitungsanlage (EDVA), Diss. München 1967

BREPOHL, Klaus/ROTHER, Hans-Walter, Akzeptanz und Nutzen sowie Wirkungen von Bildschirmtext. Die Begleituntersuchung zu den Bildschirmtext-Feldversuchen in Kurzfassung, hrsg. v. Bildschirmtext-Anbieter-Vereinigung, Berlin 1984

DELORME, Hermann, Automation im Wertpapierhandel, hrsg. v. Vorstand der Frankfurter Wertpapierbörse, Frankfurt/M. 1982

DIEBOLD Deutschland GmbH (Hrsg.), Bildschirmtext 1983, Stand und Entwicklungstendenzen 1983 - 1988, Frankfurt/M. 1983

EDER, Thomas, Bildschirmtext als betriebliches Informations- und Kommunikationssystem. 2. Aufl., Heidelberg 1984

FAMA, Eugene, Efficient Capital Markets: A Review of Theory and Empirical Work, in: Journal of Finance, Vol. 25, May 1970, S. 383-417

GERKE, Wolfgang/HEILIG, Klaus, Das Polaritätendiagramm als Methode zur Bestimmung der Risikoneignung, in: Psychologie und Praxis, Bd. XIX, Juli/September 1975, S. 107-116

GERKE, Wolfgang, Die Rolle der Kapitalbeteiligungsgesellschaften und Kreditinstitute bei der Technologiefinanzierung - Innovationsbörse Berlin, in: Workshop 1983 - Venture Capital für junge Technologieunternehmen: 9. und 10. Juni 1983 im ICC Berlin, veranstaltet durch Bundesministerium für Forschung und Technologie und Senator für Wirtschaft und Verkehr, Berlin, hrsg. v. Eduard HEILMAYR, Haar bei München 1983

GERKE, Wolfgang/PHILIPP, Fritz, Finanzierung, Stuttgart 1985

HAFNER, Kay, Die Möglichkeiten des Home-Banking und sein Einfluß auf die Geschäftspolitik der Kreditinstitute, Frankfurt/M. 1984

HAKANSSON, Nils/BEJA, Avraham/KALE, Jivendra, On the Feasibility of Automated Market Making by a Programmed Specialist, in: The Journal of Finance, Vol. 40, No. 1, March 1985, S. 1 - 20

HEINE, Werner, Die Hacker, Reinbek bei Hamburg 1985

HIELSCHER, Udo, Börsen der Bundesrepublik Deutschland, in: OBST, Georg, Geld-, Bank- und Börsenwesen, 37. Aufl., hrsg. v. Norbert KLOTEN und Johann von STEIN, Stuttgart 1980, S. 804-862

JANOWSKI, Wolfgang, Computergestützte Anlage und Vermögensberatung, München - Florenz 1982

KAPS, Rolf Ulrich, Die Wirkung von Bildschirmtext auf das Informationsverhalten der Konsumenten, Grobenzell bei München 1983

KARSCH, Werner, Neuemissionen: Publicity für die Aktie, in: Die Bank, Nr. 1/1985, S. 41 - 43

KÖNIG, Herbert, Der Bildschirmtext als Instrument der Bankpolitik, Frankfurt/M. 1982

LAZAK, Dieter, Bildschirmtext - Technische Leistung und wirtschaftliche Anwendung neuer Konmunikationstechnik, München 1984

MEFFERT, Heribert, Bildschirmtext als Kommunikationsinstrument - Einsatzmöglichkeiten im Marketing, Stuttgart 1983

MEIER-DURRER, Richard, Organisation und Automation der Effektenbörse, Zürich 1974

MÜLLER-STAHL, Ingo, Der geregelte Freiverkehr, Diss. Köln 1971

NATIONAL ASSOCIATION OF SECURITIES DEALERS Inc., Nasdaq Fact Book, 1983

o. V., Börsencomputer - Edgar sorgt für Publizität, in: Wirtschaftswoche, Nr. 19, 38. Jg., 1984, S. 136-138

o. V., From over-the-counter to over-the-computer, in: NASDAQ - A Euromoney Survey, Euromoney Supplement, March 1985, S. 4- 6

o. V., Kein Börsenhandel per Computer?, in: Börsenzeitung, Nr. 207 vom 27.10.1983, S. 4

PETERS, Klaus, Wertpapierfreies Effektensystem - Eine Untersuchung der faktischen und rechtlichen Möglichkeiten einer Weiterentwicklung des herrschenden Effektenwesens, Baden-Baden 1978

PFISTERER, Uwe, Machtmißbrauch im Wertpapierhandel durch Insider, Tübingen 1978

POSER, Norman, Restructuring the Stock Market. A Critical Look at the SEC's National Market System, in: New York University Law Review, Vol. 56, Nov./Dec. 1981, S. 883-956

PÜTZ Paul/WILLGERODT, Hans, Gleiches Recht für Beteiligungskapital. Vorschläge zur Reform von Unternehmensrecht und Kapitalmarkt, Baden-Baden 1985

SCHMIDT, Hartmut, Vorteile und Nachteile eines integrierten Zirkulationsmarktes für Wertpapiere gegenüber einem gespaltenen Effektenmarkt, Brüssel 1977

SCHMIDT, Hartmut, Special Stock Market Segments for Small Company Shares. Situation and Perspective, in: Venture Capital Markets for the Regeneration of Industry, Proceedings of the Symposium held in Luxembourg, 23. und 25. November 1983, ed. by John Michel Gibb, Amsterdam - New York - Oxford 1984, S. 97 - 106

THAN, Jürgen, Depotgeschäft, in: OBST, Georg, Geld-, Bank- und Börsenwesen, 37. Aufl., hrsg. v. Norbert KLOTEN und Johann von STEIN, Stuttgart 1980, S. 480-496

TOKYO STOCK EXCHANGE, Tokyo Stock Exchange's Computer-Assisted Order Routing and Execution System, hrsg. v. Tokyo Stock Exchange, May 1985

US-SECURITIES AND EXCHANGE COMMISSION, A Monitoring Report on the Operation of the Cincinnati Stock Exchange's, National Securities Trading System, May 1981

US-SMALL BUSINESS ADMINISTRATION - US-SECURITIES AND EXCHANGE COMMISSION, Initial Public Offerings of Common Stock: The Role of Regional Broker-Dealers in the Capital Formation Process, Phase 1-Report, March 1980

WARNECKE, Christoph, Bildschirmtext und dessen Einsatz in Kreditinstituten, Görbenzell 1983

YOUNG, Allen, The American Over the Counter Markets. In: Venture Capital Markets for the Regeneration of Industry - Proceedings of the Symposium held in Luxembourg, 23.-25. November 1983, ed. by John Michel Gibb, Amsterdam - New York - Oxford 1983, S. 129-141

B. DIE ROLLE DES STAATES BEI DER RISIKOKAPITALAUFBRINGUNG

Professor Dr. Hans H. NACHTKAMP
Universität Mannheim

G l i e d e r u n g

B. Die Rolle des Staates bei der Risikokapitalaufbringung

Professor Dr. Hans H. NACHTKAMP

Die Rolle, die der Staat bei der Risikokapitalaufbringung im Laufe der Geschichte gespielt hat, umfassend darzustellen oder gar zu würdigen, würde den Umfang dieses Beitrags über alle vernünftigen Grenzen treiben. Sie aus theoretischen Ansätzen zur Analyse von Staats- und Verwaltungsverhalten heraus zu erklären, könnte den Inhalt einer semesterlangen Vorlesung abgeben. Die Frage dieses Vortrages ist normativ: Soll der Staat und gegebenenfalls wie in den Prozeß der Risikokapitalaufbringung eingreifen? Ich werde diese Frage unter zwei Aspekten behandeln. Im ersten Teil geht es um die Forderung, der Staat möge die Entwicklung und marktliche Durchsetzung von Innovationen durch Bereitstellung von Finanzierungsmitteln fördern. Im zweiten Teil werde ich auf steuerliche Rahmenbedingungen eingehen.

I UNMITTELBARE STAATLICHE FÖRDERUNG VON INNOVATIONEN?

Es ist zunächst zu fragen, ob der Staat Innovationsforschung selbst veranstalten soll. Dabei ist prinzipiell zwischen Grundlagenforschung und solcher Innovationsforschung zu unterscheiden, die sich auf die Entwicklung unmittelbar markt- und patentfähiger Innovationen richtet.

1. GRUNDLAGENFORSCHUNG

THESE 1: Grundlagenforschung ist Sache des Staates. Soweit indessen Innovationsforschung auf die Kreation unmittelbar marktfähiger und patentfähiger Innovationen aus ist, besteht - jedenfalls aufgrund der Gütereigenschaften - keinerlei Anlaß für massive staatliche Intervention. Der Markt ist das geeignete Instrument zur Koordinierung individueller Wirtschaftspläne.

K o m m e n t a r :

Der Grundlagenforscher ist in der Regel nicht in der Lage, an den Ergebnissen seiner Arbeit Eigentumsrechte geltend zu machen oder ihre wirtschaftliche Verwertung sonstwie zu kontrollieren. Insbesondere kann oder sollte er zumindest nicht Interessenten von ihrer Nutzung ausschließen (1). Leistungstausch, auf dem die Marktwirtschaft beruht, ist indes ein sinnvolles konstitutives Ordnungselement nur da, wo dem Lieferanten einer Leistung auch selektive Leistungsverweigerung möglich ist, d. h. wo er bestimmen kann, wer in den Genuß seiner Produktion gelangen und wer davon ausgeschlossen sein soll. Im Bereich der Grundlagenforschung ist dies weitgehend nicht gegeben. Folglich versagt der Markt als Medium der optimalen Koordination von individuellen Wirtschaftsplänen; der Staat muß sich der Produktion in diesem Bereich selbst annehmen.

Anders ist es bei der Produktion, um die es hier geht. Die Innovationen, für die Risikokapital aufzubringen ist, sind im Grunde markt- und auch patentfähig. Der Produzent einer solchen Innovation ist sehr wohl in der Lage, einem Interessenten ihre Nutzung zu gewähren und einem anderen sie gleichzeitig zu versagen. Das Ausschlußprinzip funktioniert - sowohl in der Hand des Produzenten als auch im übrigen auf der anderen Marktseite (die Einführung einer Innovation löst keinen Zwangskonsum aus). Produktion und Benutzung von Innovationen sind daher im Wege des Leistungstausches regulierbar. Der Markt ist im Grunde das geeignete Koordinierungsinstrument.

2. KAPITALISMUSKRITIK

THESE 2: Auch die allgemeine Kritik am kapitalistischen System liefert keinen seriösen Ansatzpunkt für die Forderung, staatliche Instanzen müßten markt- und patentfähige Innovationen fördern.

K o m m e n t a r :

Die Hypothese, das kapitalistische Marktsystem sei seinem Charakter nach ausbeuterisch, "leidet schwer an jener Art verzweifelter Einseitigkeit, die kein objektives Urteil gestattet" (2). Die naivmoralinsaure Forderung, auf Wachstum zu verzichten, beruht auf zum Teil unbewiesenen Fakten und bedient sich darüber hinaus idealistischer, das Bild des Menschen verklärender - gelegentlich sogar ins Lächerliche ziehender - Utopien. Was schließlich und drittens die Vorstellung betrifft, Staatsfunktionäre würden stets besser im Sinne einer gesamtwirtschaftlichen Zielsetzung als vom Erwerbsstreben motivierte Marktakteure handeln, so ist sie durch Erfahrung, durch theoretische und empirische Analysen längst in die Skurrilität gerückt worden (3). Kein Geringerer als Karl MARX selbst bescheinigt dem kapitalistischen System auf eindrucksvolle Weise ungeahnte Kräfte und die besondere Fähigkeit zu innovatorischem Handeln (4).

Zusammenfassend läßt sich feststellen, daß es keinen Anlaß für generelle direkte staatliche Interventionen in jene Innovationsforschung gibt, die auf die Kreation neuer marktfähiger Produkte und Produktionsverfahren gerichtet ist.

Die Analyse hat sich dann auf die Frage zu konzentrieren, ob und gegebenenfalls inwieweit der Staat aufgerufen ist, auf der Ebene des volkswirtschaftlichen Finanzierungssystems dafür zu sorgen, daß Innovationen weder im Gestrüpp finanzierungs- und börsenrechtlicher Restriktionen verenden, bevor sie das Licht der Welt - sprich: des Marktes - recht erblicken, noch an den Marktstrukturen, wie sie sich an den Finanzmärkten herausgebildet haben, scheitern.

3. STAATLICHES BETEILIGUNGSKAPITAL

THESE 3: Die Bereitstellung von staatlichem Beteiligungskapital läßt sich mit dem Ziel der Innovationsförderung kaum überzeugend motivieren.

K o m m e n t a r :

Die Bereitstellung von Beteiligungskapital durch öffentliche Haushalte könnte man damit zu begründen versuchen, daß die Rechtslage im volkswirtschaftlichen Finanzierungssystem dem Venture-Unternehmer den Zugang zu privatem Beteiligungskapital außerordentlich erschwert. Die problemadäquate Behebung dieses Mangels bestände allerdings darin, das Banken-, Börsen- und Unternehmensrecht in einer Weise zu gestalten, die den Markt bei der Wahrnehmung seiner Koordinierungsfunktionen nicht behindert. Mit den einschlägigen Fragen beschäftigen sich die nachfolgenden Beiträge; ich klammere sie daher aus.

Öffentliche Beteiligungen an kleinen und mittleren Unternehmen ließen sich gegebenenfalls mit der Verdrängungsmacht von Großunternehmen rechtfertigen. Die Evidenzprüfung würde sich indessen nicht spezifisch auf die Risikokapitalbildung beziehen und eine Aufgabe der Wissenschaft von der Wettbewerbspolitik darstellen. Ob ihr Einsatz im Dienste raumordnungs- oder regionalpolitischer Zielsetzungen vernünftigen Sinn macht, ist ebenfalls eine Frage, die unbeirrt am Tagungsthema vorbeiführt. Im übrigen verhehle ich nicht meine Skepsis gegenüber einer erwerbswirtschaftlichen Betätigung öffentlicher Hände in diesem Bereich. Beamte sind von ihrer Ausbildung, ihrer genuinen Aufgabenstellung und von ihrer wünschenswerten Berufsauffassung her für privat-rentabilitätsorientiertes Denken und Handeln nicht gerade prädestiniert. Bundespost, Bundesbahn sowie die Organe der staatlichen Wohnungspolitik in der gemeinnützigen und mezzo-öffentlichen Wirtschaft sind aus meiner Sicht keine überzeugenden Gegenbeispiele.

II. SELEKTIVE STEUERLICHE ANREIZE ODER DURCHGREIFENDE STEUERREFORM?

1. GEFAHREN SELEKTIV WIRKENDER STEUERRECHTSREGELUNGEN

Zu überlegen bleibt dann, wie selektive steuerliche Anreize zu beurteilen sind, die man mit dem Ziel einsetzt, Kapital in zukunftsträchtige Aktivitäten zu lenken.

THESE 4: Vor selektiv wirkenden Steuerrechtsregelungen kann man nicht eindringlich genug warnen. Sie würden das deutsche Steuerrecht nur noch komplizierter machen; die Wahrscheinlichkeit ist groß, daß sie darüber hinaus die in ihm bereits angelegten Widersprüche verschärfen; schließlich würde das Übermaß der zur Durchsetzung des Steuerrechts benötigten Ressourcen noch verstärkt. Die Kompliziertheit des Steuerrechts führt zu einer unerträglichen Umverteilung der knappen volkswirtschaftlichen Ressource "ökonomische Intelligenz" zu Lasten der Venture-Aktivitäten und zugunsten der Bereiche, in denen Einkommen durch Ausnutzung steuerlicher Schlupflöcher erworben wird.

K o m m e n t a r :

Es ist für mich erschreckend und deprimierend zugleich, wie unverhohlen der Ruf nach steuerlichen "Korrekturen" des Marktprozesses zugunsten der Aufbringung von Risikokapital von solchen Persönlichkeiten erhoben wird, die von ihrer beruflichen Tätigkeit her eigentlich Protagonisten der marktwirtschaftlichen Ordnungsidee sein sollten und diese Qualität auch für sich in Anspruch nehmen (5). Da fordert man die steuerliche Freistellung von Dividenden (6); der Wirtschaftsclub Rhein-Main e. V. schlägt vor, Ausschüttungen der vom BMFT zu lizenzierenden Finanzierungsgesellschaften von der Einkommensteuer zu befreien und den Anlegern einen Sonderausgabenabzug bis zu DM 10.000,- jährlich zu gestatten (7); man gibt zu erwägen, die Einkommensbesteuerung realisierter Wertsteigerungen auch für institutionelle Investoren abzuschaffen (8), anstatt den umgekehrten Weg zu gehen und realisierte Wertsteigerungen generell zu besteuern. Das sind einige der vielfältigen Vorschläge, die zur Zeit kursieren - und dies vor dem Hintergrund einer bereits vorhandenen Fülle von steuerlichen Sonderbestimmungen (9).

Eine steuerliche Förderung von Risikokapital, die Mißbrauch vermeidet, kann nicht anders als höchst kompliziert gestaltet sein (10). Eine im Sinne der Zielsetzung positive Wirkung wird damit notwendigerweise durch gegengerichtete Effekte unterlaufen. Die zunehmende Kompliziertheit des Steuerrechts macht es den Angehörigen mittlerer Einkommens- und Vermögensschichten schwer, sich mit Wagniskapitaleinlagen zu engagieren. Anlagen, die ein mit den Fallstricken des Steuerrechts nicht vertrauter Bürger ohne Hilfe eines Steuerberaters gar nicht bewältigen kann, lohnen sich nur, wenn die Beratungskosten mit einiger Sicherheit auch wieder eingespielt werden. So besehen haben Steuer- und Anlageberatungskosten im Kalkül des Anlegers ähnliche Merkmale wie ertragsunabhängige Steuern; sie fallen unabhängig von dem tatsächlich eintretenden Erfolg einer Anlage an. Daher muß man auch mit entsprechenden Wirkungen rechnen; riskante Engagements leiden unter ihnen stärker als risikoarme Anlagen. Ein kompliziertes Steuerrecht ist folglich schon wegen seiner Kompliziertheit risikokapitalfeindlich.

Nicht zu unterschätzen ist der durch die Kompliziertheit und - dies sei als Nebenbemerkung angefügt - durch Ungereimtheiten des deutschen Steuerrechts ausgelöste Ressourcenbedarf. Ich spreche dabei nicht nur die Personalbedürfnisse der Finanzverwaltung und der Finanzgerichte an. Bedenklich erscheint mir vor allem die zunehmende Attraktion, die die Tätigkeit in freien Praxen oder in Steuerabteilungen von Produktions- und Handelsunternehmen auf intelligente, dynamische junge Leute ausübt. Als Symptom für die fortschreitende Denaturierung des einstmals so hochgelobten Unternehmergeistes werte ich den Umstand, daß bedeutende Industrieunternehmen ihre Steuerabteilungen expandieren lassen, während sie in allen anderen Bereichen kürzer treten. Die legale Steuervermeidung ist weithin ein Schwerpunkt des Einkommenserwerbs geworden. Zwei Bücher sind es, die die Spitze meines Lektürewunschzettels einnehmen. Das erste trägt den Titel: "Was sich die Deutschen ihre Steuern kosten lassen". Es stellt die durch steuerberatende, steuerverwaltende und steuerregulierende Tätigkeiten in Steuerabteilungen von Produktions- und Handelsunternehmen sowie von Verbänden, in einschlägigen Praxen, bei der Steuerverwaltung und bei Finanzgerichten erzielten Einkommen in Beziehung zum insgesamt erwirtschafteten Einkommen der Bundesrepublik Deutschland. Man sagt, der in diesem Buch dokumentierte Anteil der auf solche Weise verdienenden Menschen an den Gütern, die der Befriedigung e l e m e n t a r e r Bedürfnisse (nach Nahrung, Kleidung, Wohnung, Urlaubsreisen etc.) dienen, sei beträchtlich - so beträchtlich, daß er die zum Teil leidenschaftlich vorgetragenen Bedenken gegen den Umfang der Staatswirtschaftsquote erheblich relativiere. Das zweite Buch heißt: "Die verhinderten Chancen". Es handelt von den genialen Erfindungen, die die Arbeitslosigkeit beseitigen, die Probleme im Zusammenhang mit erschöpfbaren Ressourcen und der Umweltbelastung lösen und die Perspektiven einer höheren Lebensqualität deutlich machen. Diese Erfindungen haben nur einen Nachteil: sie finden nicht statt. Zuviel Intelligenz ist mit der Bewältigung eines komplizierten Steuerrechts beschäftigt; für die Lösung der Zukunftsaufgaben hat sie keine Zeit. Die beiden Bücher gibt es nicht; und ich fürchte, sie werden niemals geschrieben werden.

In der Bundesrepublik Deutschland tun wir - auch im internationalen Vergleich - auf Kosten der Allgemeinheit viel für die Ausbildung von Gehirnen. Mit dem knappen Produktionsfaktor Intelligenz gehen wir dann allerdings recht sorglos um. Wenn dieses Symposion auch die Risiko-G e l d - Kapitalbeschaffung zum Gegenstand hat, so sollte man die von einigen lebhaft beklagte Knappheit an Risiko- H u m a n - Kapital nicht ganz aus den Augen verlieren (11). Ob die empfohlenen selektiven Steuererleichterungen letztendlich die Risiko-Geldkapitalbildung begünstigen oder nicht (vielleicht sogar behindern), müßte sich aus einer umfassenden Untersuchung der relevanten Zusammenhänge erst noch ergeben. Einsichten aufgrund einer vordergründigen Betrachtung eines kleinen Ausschnitts aus dem Ursache-Wirkungs-Geflecht haben sich zu oft schon als hohl erwiesen. Eines scheint mir indessen sicher zu sein: Eine zunehmende Kompliziertheit des Steuerrechts verschärft langfristig die Knappheit an intelligentem, risikobereitem Humankapital. Das Venture-Projekt und seine Managementanforderungen werden schwerer realisierbar.

2. GRUNDLEGENDE STEUERREFORM

Wir brauchen nicht weitere steuerrechtliche Flickschusterei, sondern die grundlegende Steuerreform. Der Einkunftsartendualismus des Einkommensteuerrechts, ertrag- und bestandsteuerliche Belastungsunterschiede, die allein auf Unterschiede in der Zivilrechtsform des Besteuerten zurückgehen, schließlich Grunderwerb-, Gesellschaft- und Börsenumsatzsteuer sowie Steuerfolgen von Emissionskosten behindern die Bildung oder die ökonomisch rationale Strukturierung des Kapitals. Darüber hat man im Schrifttum und auf Symposien gerade im Kontext der Risikokapitalbildung viel räsonniert. Weniger bekannt sind zwei Umstände, auf die ich Ihre Aufmerksamkeit lenken möchte. Zum einen geht es um einen von der Einkommensbesteuerung erzeugten Wachstumsverlust und Möglichkeiten seiner Vermeidung, zum anderen um eine Entwicklung im Rahmen des Einkommensteuerrechts der USA, die den Europäern erhebliches Kopfzerbrechen bereiten sollte.

THESE 5: Die herkömmlichen Systeme der Kapitaleinkommensbesteuerung (auf der Grundlage der Reinvermögenszugangstheorie) lösen negative Wachstumsimpulse aus, selbst dann, wenn sie in idealer Weise gehandhabt werden.

K o m m e n t a r :
(Eine theoretisch-formale Behandlung der Argumente zu den Thesen 5 bis 8 findet sich im Abschnitt C des Anhangs zu diesem Beitrag.)

Der Reinvermögenszugang pro Jahr als Bemessungsgrundlage einer idealen Einkommen- bzw. Körperschaftsteuer erfordert unter anderem die Besteuerung der Zinseinkünfte bei voller Abzugsfähigkeit der Schuldzinsen auch auf der Haushaltsebene, andererseits die steuerliche Anerkennung gerade der ökonomisch korrekten Abschreibungen auf Sachanlagen. Mit den Sonderproblemen, die durch die asymmetrische einkommensteuerliche Behandlung von Zinszahlungsströmen auf der Ebene der privaten Haushalte ins Spiel kommen, will ich mich hier nicht beschäftigen. Im übrigen gehe ich im ersten Analyseschritt davon aus, daß die genaue Berechnung der ökonomisch korrekten Abschreibungen gelingt. Außerdem sei vereinbart, daß das System der Kapitaleinkommensbesteuerung keinerlei bewußt diskriminierende oder präferierende Regelungen enthält.

a) AUSWIRKUNGEN AUF DIE PRIVATEN HAUSHALTE

Um die Wirkungsweise einer solchen idealisierten Kapitaleinkommensbesteuerung zu erkennen, mache man sich zunächst klar, wie ein privater Haushalt seine Konsum-/Sparentscheidungen kalkuliert. Solange die letzte heute gesparte und am Kapitalmarkt angelegte D-Mark ihm soviel zusätzliches (Netto-)Zinseinkommen bringt, daß er durch die damit eröffneten künftigen Konsummöglichkeiten für den heutigen Konsumverzicht mehr als entschädigt wird (er also mit einer Zunahme seines Kapitalmarktengagements insgesamt seinen Wohlstand vermehrt), lohnt sich für ihn die Erhöhung seiner Ersparnisse. Wenn dagegen die letzte gesparte D-Mark mit dem dazu notwendigen Konsumverzicht heute ihn in seinem Wohlbefinden so arg trifft, daß die damit bewirkten zusätzlichen Konsummöglichkeiten morgen ihn nicht voll entschädigen können, so lohnt es sich, die Ersparnisse einzuschränken und den heutigen Konsum zu erhöhen. Der Haushalt tut gut daran, seine Konsum-/Sparpläne so einzurichten, daß die letzte D-Mark Konsumverzicht heute ihm über den Kapitalmarkt zusätzliche Konsummöglichkeiten morgen schafft, die ihn gerade entschädigen. Wir Nationalökonomen sagen in unserem Fachjargon: Der Haushalt plant seinen zeitlichen Konsum-/Sparstrom so, daß seine subjektive Zeitpräferenzrate gleich dem Nettozinssatz ist, mit dem er bei seinen Kapitalmarktanlagen zu rechnen hat. Die Zeitpräferenzrate ist der Prozentsatz, um den sich die letzte D-Mark Ersparnis vermehren muß, damit der Haushalt gerade noch bereit ist, sie auszuleihen. Der Nettozinssatz, mit dem der Haushalt kalkuliert, ist im steuerfreien Fall der Marktzinssatz, bei Besteuerung der Zinseinkünfte mit steuerlicher Freistellung der Schuldzinsen der um den Steuerfaktor modifizierte Marktzinssatz.

b) AUSWIRKUNGEN AUF DIE INVESTITIONSENTSCHEIDUNGEN

Zum zweiten ist zu zeigen, wie die Kapitaleinkommensbesteuerung auf die Investitionsentscheidung eines Unternehmens wirkt. Es lohnt sich für ein Unternehmen, seinen Bestand an Sachkapital zu erhöhen, solange die damit bewirkte zusätzliche betriebliche Nettoverzinsung über derjenigen liegt, die man mit einer Anlage am Kapitalmarkt erzielen würde. Das optimale Niveau des Sachkapitals ist erreicht, wenn die interne und die externe Nettoverzinsung der letzten eingesetzten Geldeinheit gleich sind. Im Fall ohne Steuern bedeutet dies die Gleichheit von Nettogrenzproduktivität des Kapitals und Marktzinssatz. Aber auch unter dem Einfluß der Kapitaleinkommensbesteuerung ändert sich an dieser Bedingung nichts, jedenfalls solange Erträge aus Kapitalmarktanlagen des Unternehmens wie seine betrieblichen Gewinne besteuert werden bzw. solange Schuldzinsen für aufgenommenes Fremdkapital von der Steuerbemessungsgrundlage absetzbar sind. Es bleibt bei der Gleichheit von Nettokapitalproduktivität und Marktzinssatz. Das hat unschätzbare Vorteile. Da bei idealen Marktverhältnissen dafür gesorgt ist, daß bei allen Unternehmen dieselbe Nettogrenzproduktivität des Kapitals realisiert wird, und da sich durch den Einfluß der Besteuerung an diesem Umstand nichts ändert, bleibt auch die intersektorale Kapitalstruktur von der Steuer unberührt; dasselbe gilt sogar bezüglich der internationalen Kapitalstruktur, sofern die Besteuerung grenzüberschreitender Zinseinkünfte nach dem Wohnsitzlandprinzip erfolgt. Diesen Vorteilen stehen indes gravierende Nachteile gegenüber. Einmal ist dieses System der Besteuerung nicht praktikabel. Ökonomisch korrekte Abschreibungen in dem hier vorgetragenen Sinne sind Ertragswertabschreibungen. Kein Finanzamt der Welt ist in der Lage, sie exakt zu berechnen. Die praktische Folge sind mehr oder weniger willkürlich festgelegte pauschalierte Abschreibungsregeln in den Steuergesetzen aller Länder. Diese sind zur Vermeidung von exzessiven Steuerverwaltungskosten wohl notwendig, verhindern aber die intersektorale und internationale Neutralität der Kapitaleinkommensbesteuerung.

Der entscheidende Mangel, den ich besonders herausstellen möchte, ist aber die selbst dann bewirkte Wachstumsbehinderung, wenn steuerlich korrekt abgeschrieben wird. Im steuerfreien Zustand sorgt der Zinsmechanismus dafür, daß die Zeitpräferenzrate der Haushalte gleich der Nettogrenzproduktivität des Kapitals wird; beide werden - wie oben erläutert - vom Haushalt bzw. den Unternehmensleitungen gleich dem Marktzinssatz gemacht. Das ist auch gut so; denn dadurch erreicht man quasi automatisch, daß die letzte vom Haushalt gesparte und danach vom

Unternehmenssektor investierte Geldeinheit durch die damit bewirkte Mehrproduktion an künftigen Konsumgütern den Haushalt gerade entschädigt: Die Konsum-/Sparpläne der Haushalte und die Investitionspläne der Unternehmen sind optimal aufeinander abgestimmt. Die Besteuerung treibt nun einen Keil zwischen Nettokapitalproduktivität und Zeitpräferenzrate. Im Marktgleichgewicht liegt die dem Marktzinssatz gleiche Grenzproduktivität des Kapitals über der Zeitpräferenzrate, die ja gleich dem durch den Steuerfaktor reduzierten Nettozinssatz ist. Es würde sich daher für die Haushalte lohnen, mehr zu sparen; denn die dadurch bewirkten zusätzlichen Zuführungen zum Kapitalstock würden eine Mehrproduktion an künftigen Konsumgütern ermöglichen, die die Haushalte für den geringeren Gegenwartskonsum mehr als entschädigen würde - dies entgegen einer im Dunstkreis der Wagniskapitaldiskussion gelegentlich geäußerten Auffassung (12); und der Sachkapitalbestand entwickelte sich insgesamt auf einem zu niedrigen Niveau.

Dieser Mangel wie auch die Verzerrungen der intersektoralen und internationalen Kapitalstruktur werden im Inflationsprozeß noch verstärkt. Die steuerlichen Abschreibungsregeln in den Gesetzen nahezu aller Länder sind bei inflationären Bewegungen der Kapitalgüterpreise nicht einmal cum grano salis an den Ertragswertminderungen orientiert. Das überall verankerte Nominalwertprinzip der Besteuerung zwingt zur Abkehr vom Reinvermögenszugangsprinzip, führt zur Besteuerung von Scheingewinnen und vergrößert noch die Differenz zwischen Kapitalproduktivität und Zeitpräferenzrate (13).

Aus diesem Dilemma gibt es alternative Auswege. Eine Gruppe von Reformvorschlägen enthält die völlige Abkehr von der direkten Kapitaleinkommensbesteuerung und die Hinwendung zur Konsumausgabenbesteuerung; darauf werde ich noch zurückkommen. Es liegen außerdem drei Vorschläge zur Reform der direkten Kapitaleinkommensteuer vor. Der erste ist 1978 vom MEADE-Committee veröffentlicht worden. Danach besteht die Kapitaleinkommensteuer ausschließlich in einer Besteuerung der Unternehmensausschüttungen abzüglich der Zuführungen zum Beteiligungskapital. Thesaurierte Gewinne sind ebenso wie die Zinseinkünfte steuerfrei. Auf der Haushaltsebene gibt es entsprechend keine Absetzbarkeit von Schuldzinsen. Man kann zeigen, daß eine solche Steuer in der Tat wachstumsneutral ist.

c) KÖRPERSCHAFTSTEUERREFORM 1977

Die Einführung der Ausschüttungsteuer verlangt gewiß eine enorme Reformbereitschaft. Der Vorschlag zeigt indessen ganz deutlich:

THESE 6: Soweit die Körperschaftsteuerreform 1977 das Ziel hatte, die Wachstumsschwäche der herkömmlichen Kapitaleinkommensteuersysteme zu beseitigen oder zu mindern, war sie ein Schritt in die falsche Richtung.

Kommentar:

Die vom Wissenschaftlichen Beirat beim BMF (1967) und von der Steuerreformkommission (1971) empfohlene Reform fand nahezu einhelligen Beifall der Fachwelt. Manche hätten sich wohl die Einführung der zuerst von DIETZEL (1859), dann ca. 100 Jahre später von ENGELS und STÜTZEL (1968) propagierten und nunmehr wieder in ihrem Dunstkreis (14) geforderten Teilhabersteuer gewünscht. Immerhin hatte man die Hoffnung, daß mit dem Anrechnungsverfahren Wachstumsimpulse ausgelöst würden. Gewiß brachte die Reform die Entdiskriminierung der Beteiligungsfinanzierung gegenüber der Fremdfinanzierung. Aber die Hoffnungen auf eine Wachstumsbeschleunigung trogen; sie konnten sich auch nicht erfüllen, wie wir aus neueren Untersuchungen wissen (15). Sachinvestitionen werden nämlich nach wie vor zum weitaus größten Teil durch Thesaurierung oder Fremdmittel finanziert. Die Steuer auf Ausschüttungen ändert an den Kosten dieser Finanzierungswege nichts. Ihre Verminderung kann daher auch nicht das Investitionsklima verbessern; einschlägige Empfehlungen, die auch und gerade im Rahmen der Venture Capital Diskussion abgegeben werden (16), gehen am Problem vorbei. Im Gegenteil: Ausschüttungsteuern gehören zu den seltenen Exemplaren von Steuern, deren Belastung von den Betroffenen durch Änderung ihrer wirtschaftlichen Dispositionen kaum manipulierbar ist. Vielleicht ist die fehlende Möglichkeit, der Steuerbelastung auszuweichen, die Ursache dafür, daß man in unserem Lande immer wieder versucht, politischen Druck in Richtung auf eine Verringerung oder gar Abschaffung von Ausschüttungsteuern auszuüben. Aus demselben Grunde sind Ausschüttungsteuern unter Effizienzaspekten nahezu ideal. Wenn man nämlich will, daß die Besteuerung die wirtschaftlichen Dispositionen der Privaten möglichst wenig tangiere, dann muß man sich tunlichst solcher Steuern bedienen, bei denen der Besteuerte durch Umdispositionen sich nicht besser stellen kann. So besehen hätte man 1977 die Ausschüttungsteuern eher erhöhen und nicht senken sollen, um auf diese Weise Spielraum für Entlastungen an anderen Komponenten der Kapitaleinkommenbesteuerung zu gewinnen. Damit hätte sich ein Wachstumsschub bewirken lassen.

Noch radikaler als der Vorschlag des MEADE-Committee ist der zweier seiner Mitglieder, KAY und KING. Sie haben eine bereits 30 Jahre früher von BROWN vorgetragene Reformanregung wieder aufgegriffen. Während die Ausschüttungsteuer praktisch den gesamten Cash-flow der Unternehmensebene erfaßt, wird von BROWN die Steuerbemessungsgrundlage auf den realwirtschaftlichen Cash-flow beschränkt. Praktisch läuft dies auf eine gleichmäßige Besteuerung der thesaurierten Gewinne und Ausschüttungen hinaus. Zinseinkünfte sind ebenfalls steuerfrei; der Schuldzinsenabzug ist nicht zulässig - dies gilt auch für die Unternehmensebene. Auch dieser Vorschlag läßt sich nur mit einem hohen Reformaufwand realisieren.

Überdies würden die beiden britischen Konzeptionen bei festen Steuersätzen zu einem erheblichen Einbruch im Steueraufkommen führen. Zudem verlangen sie - insbesondere die Ausschüttungsteuer von MEADE - ein Steuerrecht, das eine ökonomisch befriedigende Unterscheidung zwischen der Ebene der privaten Haushalte und der Unternehmensebene vornimmt. Ob Gesetzgeber, Steuerjustiz und Steuerverwaltung dazu in der Lage sind, ist angesichts der in unserem Lande herrschenden Verhältnisse füglich zu bezweifeln.

Weit weniger reformaufwendig und auch bei gegebenen Steuersätzen ein hohes Steueraufkommen sichernd ist eine Konzeption, die in den letzten Jahren der Kollege H.-W. SINN hier in Mannheim entwickelt hat. Es ist eine Mischung aus Cash-flow- und Reinvermögenszugangsbesteuerung. Zinseinkommen sind danach - bei vollem Schuldzinsenabzug auf allen Ebenen - wie thesaurierte Gewinne zu besteuern. Ausschüttungen können ohne Schaden für die Kapitalakkumulation schärfer besteuert werden. Nicht einmal die Beteiligungsfinanzierung würde dadurch - bei steuerlicher Freistellung der Neubeteiligungen - diskriminiert. Auch daran ist wiederum abzulesen, daß die Entlastung der Ausschüttungen im Rahmen der Körperschaftsteuerreform 1977 unter Wachstumsaspekten ein Schlag ins Wasser war. Eine steuerrechtliche Unterscheidung zwischen Unternehmens- und Haushaltsebene wäre in dem SINNschen System ebenso überflüssig wie sie in unserem gegenwärtigen Besteuerungssystem schädlich ist.

3. WACHSTUMSNEUTRALE EINKOMMENSBESTEUERUNG

Wenn man fragt, worauf die Wachstumsneutralität der drei Reformsysteme im Grunde zurückzuführen ist, so ist festzustellen:

THESE 7: Kernpunkt einer wachstumsneutralen Einkommensbesteuerung ist die steuerliche Sofortabschreibung auf Sachanlagen mit entsprechenden Vorkehrungen zum Verlustausgleich.

K o m m e n t a r :

Die steuerliche Sofortabschreibung läuft im Kern darauf hinaus, daß sich der Fiskus an den Anschaffungskosten eines Investitionsgutes zu demselben Satz beteiligt, zu dem er sich auch an dessen Erträgen beteiligen will. Er übernimmt damit in etwa die Rolle eines Teilhabers. Dies allein sorgt schon dafür, daß die oben beklagte Scheingewinnbesteuerung nicht mehr greifen kann; denn wo Abschreibungen pro rata temporis entfallen, kann man auch nicht falsch abschreiben. Daß damit zugleich kostspielige Bewertungsprobleme jedenfalls in der Einkommensbesteuerung nicht mehr auftauchen, sei nur am Rande vermerkt. Sofern für einen vollständigen Verlustausgleich nach Tarif Sorge getragen wird, bedeutet die Realisierung dieses Vorschlags, daß die Verteilung der mit einem Projekt verbundenen Chancen und Risiken durch die Besteuerung nicht verzerrt wird; alle Erträge und Risiken verkürzen sich prozentual gleichmäßig. Dieser Umstand könnte gerade auf Venture-Investitionen einen starken Anreiz ausüben.

4. ZUR KRITIK AN STEUERLICHEN SOFORTABSCHREIBUNGEN

Steuerliche Sofortabschreibungen im Verein mit alternativen zusätzlichen Reformkomponenten beseitigen außerdem die Lücke zwischen Zeitpräferenzrate und Nettogrenzproduktivität des Kapitals. Sie sind es daher, die die Schlüsselrolle bei der Beseitigung von Wachstumshemmnissen spielen, wie sie durch die herkömmliche Kapitaleinkommensbesteuerung ausgelöst werden. Ich kann mir allerdings vorstellen, daß die Verteilungspolitiker aller Schattierungen die Barrikaden errichten, wenn der Vorschlag allgemeiner steuerlicher Sofortabschreibungen auf Sachkapital in unserem Lande ernsthaft in die Diskussion gebracht würde. Die einkommensteuerfreie Bildung von Vermögen wird vielen untragbar vorkommen. Dazu die folgende These:

THESE 8: Verteilungspolitische Bedenken gegen die Einführung von steuerlichen Sofortabschreibungen auf Sachanlagen lassen sich dadurch entkräften, daß die Wachstumsschwäche, die von den herkömmlichen Systemen der Kapitaleinkommensbesteuerung induziert wird. letztlich von den Arbeit nehmern bezahlt werden muß.

K o m m e n t a r :

Die fehlende politische Durchsetzbarkeit ist häufig ein beliebtes Argument, wenn man die Begründung für einen Reformvorschlag nicht mehr sachlich widerlegen kann. Man mache sich indessen klar, daß die durch die traditionellen Systeme der Kapitaleinkommensbesteuerung induzierten Wachstumsverluste letzten Endes von den Arbeitnehmern zu tragen sind (16). Man macht sich diese Tatsache leicht plausibel; denn wenn der Kapitalstock langfristig unter dem Niveau liegt, das er bei neutraler Besteuerung einnimmt, ist bei gegebener Beschäftigung auch die Grenzproduktivität der Arbeit langfristig niedriger als sie bei wachstumsneutraler Besteuerung wäre. Dieser Umstand impliziert langfristig geringere Lohnspielräume oder aber geringere Beschäftigungsmöglichkeiten als bei wachstumsneutraler Besteuerung.

Das Argument fehlender politischer Durchsetzbarkeit bekommt zudem einen etwas üblen Beigeschmack, wenn man die Bedeutung der in unserem Lande vollzogenen bzw. projektierten Steuerstrukturänderung erkennt; gemeint ist die Anspannung der Mehrwertsteuer bei einer gleichzeitigen Entlastung im Bereich der Einkommensbesteuerung. Eine Anspannung der konsumorientierten Mehrwertsteuer, wie wir sie praktizieren, bei gleichzeitiger Entlastung der Einkommensbesteuerung durch Senkung der Steuersätze kommt einer Reform in Richtung auf den Vorschlag der von KAY und KING nahe. Bei Vernachlässigung des Leistungsbilanzsaldo ist nämlich die gesamtwirtschaftliche Bemessungsgrundlage der von KAY und KING propagierten Kapitaleinkommensteuer plus der der Lohnsteuer genau gleich der gesamtwirtschaftlichen Bemessungsgrundlage einer Mehrwertsteuer vom Konsumtyp ohne Befreiungen. Man geht also in Wahrheit einen Schritt in Richtung auf die radikalste der vorgeschlagenen Reformen. Unter Verteilungsgesichtspunkten dürfte gerade diese Variante den stärksten Widerspruch herausfordern, jedenfalls viel weniger akzeptabel sein als der Mannheimer Vorschlag, befreit sie doch im Grunde genommen Kapitalsammelstellen von der Einkommensbesteuerung.

5. STEUERPROGRAMM RONALD REAGANS

Daß eine Kapitaleinkommensbesteuerung mit steuerlicher Sofortabschreiung auch in der Praxis durchsetzbar ist, zeigt das von der REAGAN-Administration seit 1981 in den USA unter dem Namen Accelerated Cost Recovery System stufenweise eingeführte Steuerprogramm, das in Aufbau und Wirkung der Mannheimer Konzeption sehr nahe kommt. Nachdem die beiden ersten Stufen 1981 und in diesem Jahr realisiert wurden, tritt es am 01. Januar 1986 voll in Kraft. Es bedeutet eine grundsätzliche Abkehr von der Kapitaleinkommensbesteuerung nach der Reinvermögenszugangstheorie und einen bedeutenden Schritt in Richtung auf steuerliche Sofortabschreibungen (17). In der Endstufe können die meisten beweglichen Güter des Anlagevermögens geometrisch-degressiv mit einem Satz von maximal 40 % bei einer steuerlichen Gesamtnutzungsdauer von fünf Jahren abgeschrieben werden, Anlagen für Forschung und Entwicklung - was im Kontext unseres Themas besonders hervorzuheben ist - neben Kraftwagen sogar mit einem Satz von maximal 66 2/3 % bei einer steuerlichen Nutzungsdauer von nur drei Jahren. Die Bedeutung dieses Programms wird nur unvollständig wiedergegeben, wenn man darauf hinweist, daß nach Schätzungen des United States Office of Tax Analysis und des United States Joint Committee on Taxation dadurch ein zeitweiliger Steuerausfall induziert wird, der sich jährlich auf etwa das im Durchschnitt der letzten vier Jahre vor der Reform erzielten Körperschaftsteueraufkommen der Vereinigten Staaten stellt (18). Was gerade im Hinblick auf die Einführung neuer Technologien von besonderem Belang ist, das sind die strukturellen Wirkungen, die von der US-amerikanischen Steuerreform ausgehen.

THESE 9: Die Umstrukturierung des Sachkapitalbestandes der OECD-Länder zugunsten der USA, die durch das REAGANsche Steuerprogramm ausgelöst wird, übersteigt - so steht zu befürchten - das Ausmaß, das durch die politischen Systeme der beteiligten Länder verkraftbar ist.

Kommentar:

Wenn aus einer Phalanx von Ländern, die Kapitaleinkommen nach der Reinvermögenszugangstheorie besteuern, ein Staat ausschert und in Richtung einer Cash-flow-Besteuerung geht, so muß sich langfristig eine Verzerrung der internationalen Kapitalstruktur zugunsten dieses Staates ergeben. Denn die dort zeitlich vorgezogenen steuerlichen Abschreibungen bewirken eine Verminderung des Steuerbarwertes der Investitionen und steigern deren Rentabilität. Anlagesuchendes internationales Geldkapital wird entsprechend umgelenkt. H.-W. SINN hat Berechnungen angestellt, um das Ausmaß der Strukturänderungen abzuschätzen (19). Bei vorsichtiger Interpretation der Ergebnisse muß man damit rechnen, daß zusätzliches Kapital im Umfang von ca. 7 % des OECD-Kapitalstocks in die Vereinigten Staaten umgelenkt wird; in den USA steigt der Kapitaleinsatz von 38 % des OECD-Kapitalstocks auf 45 % in Europa fällt er von 62 % auf 55 %. Daraus ergibt sich, daß der erforderliche Kapitalimport in die USA bei 14 - 21 % des OECD-Bruttosozialprodukts liegt. Gemessen an den Werten des Jahres 1981 sind das 1 - 1,5 Billionen (sic!) US-$. Um einen Ressourcentransfer von solchen Ausmaßen durchzuführen, müßte das Zahlungsbilanzdefizit der USA auf das Dreifache seines Wertes von 1983 gesteigert und danach 10 - 15 Jahre in diesem Umfang aufrechterhalten werden. Zugegebenermaßen haben sich diese Zahlen auf der Grundlage eines überaus einfachen Modells ergeben. Proberechnungen mit reichhaltigeren Modellen zeigen indessen, daß sich die Verhältnisse eher noch zuspitzen. Die Europäer sind - wenn sie weiterhin in steuerpolitischem Attentismus verharren - zu einer Kapitalflucht ungeahnten Ausmaßes und zur Spezialisierung auf arbeitsintensive Produktionen verurteilt. Letzteres gibt im Hinblick auf die Arbeitsmarktverhältnisse bei uns keinen Anlaß zum Jubel. Ganz im Gegenteil. Es wird eher zu einer Verschärfung der Beschäftigungsprobleme kommen. Und welche Schwierigkeiten durch die hohen Anpassungskosten der Umschichtung zusätzlich auf uns stoßen werden, ist für mich heute eine kaum seriös zu beantwortende Frage. Ich verhehle nicht, daß ich sie mit Sorge erwarte.

Freilich ist dies alles kein Naturereignis, und die Europäer sind ihm nicht hilflos ausgeliefert. Eine Abwehrstrategie bestände in der Besteuerung arbeitsintensiver Exporte und kapitalintensiver Importe oder in der Subventionierung arbeitsintensiver Importe und kapitalintensiver Exporte. Sie führte zu einer Relativpreiserhöhung kapitalintensiver US-Erzeugnisse über ihr amerikanisches Niveau und - bei gegebenen Kapitalbeständen - zu einer Steigerung der Wertgrenzproduktivitäten des europäischen Sachkapitals, folglich zu einem Anreiz, weniger Kapital zu exportieren. Die Dosierung dieser Steuern und Subventionen so, daß die Wirkungen des amerikanischen Steuerprogramms gerade kompensiert werden, dürfte außerordentlich kompliziert sein. Vielleicht ist diese Strategie gerade für uns Deutsche besonders reizvoll, eröffnet sie doch Steuer- und Subventionsberatern ein weites Feld zusätzlicher Einkommensmöglichkeiten. Eine andere Verteidigungsstrategie wäre die Kopie des amerikanischen Systems. Um ihren Erfolg zu sichern, müßte man sich allerdings zu einer internationalen Harmonisierung der Abschreibungsvorschriften und der Steuersätze auf thesaurierte Gewinne verstehen. Was die Bundesrepublik Deutschland betrifft, wäre dabei die Belastung der Gewinne durch die Gewerbeertragsteuer mit zu berücksichtigen. Die dritte - möglicherweise typisch europäische - Strategie sucht Hilfe bei den Amerikanern. Wenn diese schon nicht von der vollen Verwirklichung ihres Steuerprogramms Abschied nehmen wollen (20), so müßte man sie zu bewegen versuchen, bei der Besteuerung grenzüberschreitender Zinseinkommen vom Wohnsitzlandprinzip auf das Quellenlandprinzip überzugehen. Europäer müßten sich gefallen lassen, daß ihre Einkünfte aus Festzinsanlagen in den USA dort voll besteuert würden, und zwar ohne Anrechnung im eigenen Lande. Ich kann mir indes nicht vorstellen, daß die Amerikaner dabei mitziehen werden; denn sie müßten mit einer Erhöhung ihrer Zinssätze rechnen, die den durch die Reform ausgelösten Investitionsanreiz wieder neutralisiert.

Eine vierte, aggressive Strategie bestände in der radikalen Abkehr von Besteuerungssystemen nach der Reinvermögenszugangstheorie und die Hinwendung zu einem Cash-flow-System. Ein isoliert reformierendes Land müßte - um einen übermäßigen Kapitalimport zu vermeiden - dann die Besteuerung grenzüberschreitender Zinseinkommen nach dem Quellenlandprinzip erwägen.

III. SCHLUSSTHESE

Man stelle sich vor, die Bundesrepublik Deutschland stände vor der Notwendigkeit, jetzt ab ovo ein Einkommensbesteuerungssystem einzuführen. Ich denke, kein Mensch käme auf die Idee, das heute praktizierte System ernsthaft vorzuschlagen; dies selbst dann nicht, wenn man es in seiner Idealform einführen könnte. Seine theoretische Basis ist obsolet, und seine Verwirklichung zieht eine Legion von praktischen Schwierigkeiten nach sich. Ich bin überzeugt, die Cash-flow-Besteuerung ist einfacher. Sie hat außerdem den unschätzbaren Vorteil, die Wachstumsimpulse zu vermitteln, die wir seit Jahren vermissen und deren Mangel wir teuer bezahlen.

Diese Tagung wird sich nunmehr ihrem Thema zuwenden, der Frage nämlich, wie man die Börse der Vermittlung von Risikokapital dienlich machen kann. Und Sie hatten von mir wohl Hinweise auf Möglichkeiten der öffentlichen Haushalte erwartet, bei der Bereitstellung von Risikokapital mitzuwirken. Ich will die Wichtigkeit der damit zusammenhängenden Fragen gar nicht in Abrede stellen. Aber es handelt sich um Probleme, deren Lösung nur dann einen Sinn macht, wenn im realwirtschaftlichen Bereich die Weichen auf Wirtschaftswachstum stehen, das letztendlich von Neuerungen getragen werden muß. Doch dazu wäre nicht steuerpolitisches Flickwerk wie 1977 oder zur Zeit, sondern die grundlegende steuerpolitische Wende nötig. Mich bedrückt, daß sie nicht vollzogen, ja daß sie nicht einmal erwogen wird.

ANMERKUNGEN

1) Littmann, 1975, S. 48 f.
2) Ebenda, S. 44
3) Hanusch, 1983
4) Marx/Engels, 1890, S. 8 f.
5) Dannhorn, 1983, S. 207
6) Claussen, 1983, S. 37
7) Nathusius, 1983, S. 105
8) Alter, 1983, S. 196 - 199
9) Hamke, 1983, S. 183
10) Weber, 1983, S. 70 f.; Wirtschaftswoche 1983, S. 34 und 35 ff.
11) Weitershausen, v., 1984, S. 111
12) Sinn, 1983; 1984a; 1984d
13) Pütz/Willgerodt, 1983
14) Bradford, 1981; Sinn, 1985, Kapitel IV.
15) Claussen, 1983, S. 37

16) H.-W. Sinn, 1985, hat sogar gezeigt, daß die Kapitaleinkommensteuern nach der Reinvermögenszugangstheorie auf die Arbeitnehmer superüberwälzt werden.

17) Sinn, 1984c

18) Ebenda, S. 4

19) Ebenda, S. 22 ff.

20) Diese Möglichkeit ist nicht ganz unwahrscheinlich; dem Vernehmen nach kursieren entsprechende Überlegungen im US-Finanzministerium.

IV. ANHANG

1. Die formalen Darlegungen in diesem Abschnitt können nicht annähernd vollständig sein, sofern ein Ausufern zu vermeiden ist. Er soll nur eine Art von "Beweisidee" vermitteln. Einzelheiten entnehme man den einschlägigen Arbeiten von H.-W. SINN (1984a; 1984b; 1984c; 1985), in denen auch die mathematischen Eigenschaften der relevanten Beziehungen präzisiert werden.

Um die Einfachheit der ökonomischen Verhältnisse auf die Spitze zu treiben, gehen wir davon aus, daß in der Modellökonomie

- nur ein Gut produziert wird, das für Investitionen und zum Konsum gleichermaßen verwendbar ist,
- der Unternehmenssektor durch ein repräsentatives Unternehmen, der Sektor der privaten Haushalte durch einen repräsentativen Haushalt hinreichend genau darstellbar sind.

Reichhaltigere Szenarios erfordern einen erheblich größeren formalen Aufwand, ohne daß sich damit wesentliche Erkenntnisse zusätzlich gewinnen lassen.

Das Unternehmen produziert das Sozialprodukt Y mit Hilfe von Sachkapital (K) und Arbeit (L) nach Maßgabe einer linear-homogenen Produktionsfunktion Y(K, L), die die üblichen neoklassischen Eigenschaften aufweist. Die Differenz zwischen Produktion Y und den Abschreibungen A(K) mit $A_K > 0$ steht für Konsumzwecke (C) und Erweiterungen des Sachkapitals $\dot{K}$ zur Verfügung ($\dot{K}$ steht für die erste Ableitung des Kapitalstocks nach der Zeit: $\frac{\partial K}{\partial t}$. $\hat{K}$ kennzeichnet die Wachstumsrate: $\dot{K}/K$. Entsprechend wird auch bei anderen Variablen verfahren. Wo Mißverständnisse ausgeschlossen sind, wird im übrigen auf die Explizierung des Zeitindex t verzichtet.):

(1) $\dot{K} = Y(K, L) - A(K) - C$

Der Haushalt richtet sein Interesse auf den Konsum des produzierten Gutes und auf den Genuß nicht dem Einkommenserwerb gewidmeter Zeit F. Seine Lage in einem Zeitpunkt t bewertet er nach Maßgabe der strikt quasi-konkaven Funktion U[(C(t), F(t)] mit den üblichen Eigenschaften.

Die freie Zeit stellt sich dabei als Differenz zwischen insgesamt verfügbarer Zeit $\overline{L}$ (z. B. 24 Std/Tag) und der im Zeitpunkt t eingesetzten Arbeitszeit L(t) dar:
$F(t) = \overline{L}(t) - L(t)$. Seine und seiner Nachkommen gesamte Lebenssituation - seine Wohlfahrt - wird zu einem Zeitpunkt t* mit dem Funktional

$$\int_{t^*}^{\infty} U[C(t), F(t)]e^{-\rho(t - t^*)} dt$$

"gemessen", wobei ρ einen subjektiven Abdiskontierungsfaktor darstellt; er spiegelt die Minderschätzung künftiger Bedürfnisse wider, also den zweiten Zinsgrund nach BÖHM-BAWERK (1888, S. 328 ff.)

2. In einer Ökonomie, deren Ordnung darauf angelegt ist, die Wohlfahrt der Individuen nach dem Pareto-Kriterium möglichst groß zu machen, muß

$$\int_{0}^{\infty} U(C, F)e^{-\rho t} dt$$

durch geeignete Wahl von C (und damit $\dot{K}$) sowie L maximal werden, wobei die Bedingungen (1) und $K(0) = K_o > 0$ zu beachten sind. Die in laufenden Werten definierte HAMILTON-Funktion für dieses Problem hat die Form

(2) $H = U(C, F) + \lambda\{Y(K, \overline{L} - F) - A(K) - C\}.$

Dabei ist λ der Schattenpreis des Sachkapitals. Notwendige Bedingungen für ein Pareto-Optimum sind:

(3) $\frac{\partial H}{\partial C} = U_C - \lambda = 0$

(4) $\frac{\partial H}{\partial F} = U_F - \lambda Y_L = 0$

(5) $\dot{\lambda} - \rho\lambda = - \frac{\partial H}{\partial K} = - \lambda(Y_K - A_K).$

Aus (3) und (4) leitet man die Gleichheit von realem Wertgrenzprodukt der Arbeit und absoluter Grenzrate der Substitution von Konsum durch Freizeit ab:

(6) $Y_L = U_F/U_C$.

Aus (3) hat man zudem $\hat{U}_C = \hat{\lambda}$. Damit errechnet man aus (5)

(7) $Y_K - A_K = \rho - \hat{U}_C$.

- $\hat{U}_C$, also die relative Veränderung des Grenznutzens aus Güterkonsum im Zeitablauf, kennzeichnet den ersten Zinsgrund, den BÖHM-BAWERK (1888) "die Verschiedenheit des Verhältnisses von Bedarf und Deckung" nannte; $\rho - \hat{U}_C$ ist die subjektive Zeitpräferenzrate des Haushalts. Bedingung (7) verlangt deren Gleichheit mit dem realen Nettowertgrenzprodukt des Kapitals.

3. Die Frage ist, ob Haushalte und Unternehmen im Marktprozeß einer Konkurrenzwirtschaft - auch unter dem Einfluß der Besteuerung - sich so verhalten, daß die Bedingungen für ein Pareto-Optimum erfüllt sind. Wir beschränken uns hier auf die Prüfung der Kapitaleinkommensbesteuerung; die Lohneinkommensbesteuerung bleibt wie alle Nicht-Einkommensteuern außer Betracht.

Eine nach den Intentionen der Reinvermögenszugangstheorie ideal konstruierte Kapitaleinkommensteuer würde auf der Unternehmensebene den Gewinn erfassen:

(8) $T_V = \tau_V[P(Y - A - wL) - rD_f]$

T_V = Steueraufkommen nach der Reinvermögenszugangstheorie
τ_V = Steuersatz
r = Nominalzinssatz
D_f = Stand der Verschuldung des Unternehmenssektors
P = Preisniveau
w = Reallohnsatz

Bei allen Reformsystemen werden auch die Erweiterungsinvestitionen von der Steuerbemessungsgrundlage abgesetzt. In dem System von KAY und KING unterliegt nur der realwirtschaftliche Cash-flow der Besteuerung:

(9) $T_K = \tau_K P(Y - A - \dot{K} - wL)$

$(A + \dot{K})$ stellen die gesamten Investitionen (brutto) des Unternehmens dar; sie werden steuerlich sofort voll abgesetzt. Man macht sich übrigens leicht klar: Sofern diese Kapitaleinkommensteuer noch durch eine Lohneinkommensteuer mit demselben Satz ergänzt wird, beläuft sich das gesamte Steueraufkommen auf $\tau_K P(Y - A - \dot{K})$. Wegen $Y = C + A + \dot{K} + A_{StU}$ (mit A_{StU}: = reale Ausgaben des Staates für Käufe im Unternehmenssektor) kann man für das Steueraufkommen dann auch schreiben: $\tau_K P(C + A_{StU})$. Die Bemessungsgrundlage ist also identisch mit der einer Mehrwertsteuer vom Konsumtyp, wie sie - wenn man von Befreiungen und sonstigen Vergünstigungen absieht - bei uns praktiziert wird. Eine Anspannung der Mehrwertsteuer bei gleichzeitiger Entlastung in der Einkommensbesteuerung kann also einem Schwenk von der Kapitaleinkommensbesteuerung herkömmlicher Art zur Cash-flow-Besteuerung nach dem Vorschlag von KAY und KING durchaus tendenziell gleichartig sein.

Das MEADE-Committee hat empfohlen, die Steuerbemessungsgrundlage um den finanzwirtschaftlichen Cash-flow (als Differenz zwischen Nettoneuverschuldung und Nettozinskosten des Unternehmenssektors definiert) zu erweitern. Danach stellt sich das Steueraufkommen auf

(10) $$T_M = \tau_M[P(Y - A - \dot{K} - wL) - rD_f + \dot{D}_f]$$

Man macht sich anhand der nachfolgenden einfachen Finanzierungsrechnung leicht klar, daß dies auf eine Besteuerung der Nettoausschüttungen (Ausschüttungen ./. Neubeteiligungen) hinausläuft:

Finanzierungsrechnung

Finanzmittelquellen	Finanzmittelverbrauch
Erlös PY	Investitionen $P(A + \dot{K})$
Nettoneuverschuldung $\dot{D}_f$	Lohnsumme PwL
	Zinszahlungen $r\,D_f$
	Saldo: Ausschüttungen ./. Neubeteiligungen

Der von H.-W. SINN entwickelte Mannheimer Vorschlag ist eine Mischung aus Cash-flow- und Reinvermögenszugangs-Besteuerung. Der Mischcharakter kommt bereits in der ersten Komponente zum Ausdruck:

(11.1) $$T_1 = \tau_1[P(Y - A - \dot{K} - wL) - r\,D_f]$$

Die Bemessungsgrundlage ist - bis auf den Abzug der Nettozinskosten - mit der nach dem KAY/KING-Vorschlag identisch. Sie umfaßt ausgeschüttete und thesaurierte Gewinne. Die zweite Komponente ist eine Sondersteuer auf Nettoausschüttungen des Unternehmenssektors:

(11.2) $T_2 = \tau_2[P(Y - A - \dot{K} - wL) - r D_f + \dot{D}_f - T_1]; \tau_2 \geq 0.$

Ihre Bemessungsgrundlage entspricht der nach dem Vorschlag des MEADE-Committee; es wird nur die Steuerschuld nach der ersten Komponente abgezogen. Die zweite Komponente kann auf der Unternehmensebene oder bei den privaten Haushalten erhoben werden. Wir werden in unserer Rechnung den ersten Fall verfolgen. Danach stellt sich der Unternehmensteil der Kapitaleinkommensbesteuerung nach dem Mannheimer Vorschlag auf

$$T_1 + T_2 = [\tau_1(1-\tau_2) + \tau_2] [P(Y-A-\dot{K}-wL) - rD_f] + \tau_2\dot{D}_f$$

Anders als bei den britischen Vorschlägen, die weder Zinseinkünfte der privaten Haushalte besteuern noch ihre Schuldzinsen abzugsfähig haben wollen, folgt SINN hier auch wieder den Ideen der Reinvermögenszugangstheorie; in der dritten Komponente unterliegen die Zinseinkünfte (netto) der privaten Haushalte der Besteuerung (Schuldzinsen sind abzugsfähig):

(11.3) $T_3 = \tau_3 r(D_f + D_g)$

mit D_g = Bestand an verzinslichen Forderungen gegen den Staat. Gefordert wird: $\tau_3 = \tau_1$!

Läßt man die Beziehungen (8) bis (11.2) Revue passieren, so erkennt man, daß die Kapitaleinkommensbesteuerung auf der Unternehmensebene aus folgenden "Bausteinen" zusammengesetzt werden kann:

- einer Steuer auf den realwirtschaftlichen Cash-flow:

  $T_R = \tau_R P(Y - A - \dot{K} - wL),$

- einer zusätzlichen Steuer auf die Nettoinvestitionen:

  $T_K = \tau_K P\dot{K},$

- einer weiteren Zusatzsteuer auf die Nettoneuverschuldung:

  $T_D = \tau_D \dot{D}_f,$

- einem Steuerabzug auf die Nettoschuldzinsen des Unternehmenssektors:

  $T_Z = - \tau_Z rD_f$

Auf der Haushaltsebene findet nach dem Mannheimer Vorschlag Zinseinkommensbesteuerung gemäß (11.3) statt.

Die Besteuerung der Kapitaleinkünfte im Unternehmenssektor stellt sich
- bei herkömmlicher Besteuerung des Reinvermögenszugangs auf

$$T_R + T_K + T_z \text{ mit } \tau_R = \tau_K = \tau_z,$$

- nach dem Vorschlag von KAY und KING auf T_R,

- nach dem Vorschlag des MEADE-Committee auf

$$T_R + T_D + T_z \text{ mit } \tau_R = \tau_D = \tau_z,$$

- nach dem Mannheimer Vorschlag auf

$$T_R + T_z + T_D \text{ mit } \tau_R = \tau_z ; \tau_D \geq 0.$$

4. Zunächst betrachten wir die Dispositionen des Unternehmenssektors. In einer Welt mit allen denkbaren Vollkommenheiten, wie sie in unserem Modell dargestellt ist, wird das Unternehmen nach dem Umfang seiner Nettoausschüttungen an seine Anteilseigner beurteilt. Der Marktwert M(t) des Unternehmens zu einem Stichtag t ist gleich dem Barwert der künftigen Nettoausschüttungen, wobei diese mit dem Nettozinssatz abdiskontiert werden, mit dem die Haushalte bei Ent- und Ausleihungen am Kapitalmarkt rechnen. Das ist $r(1 - \tau_3)$ mit

$$\tau_3 \begin{cases} > 0 \text{ bei herkömmlichen Systemen und bei SINN} \\ = 0 \text{ sonst.} \end{cases}$$

$$(12) \quad M(t) = \int_t^\infty R_n(t^*) \left[\exp \int_t^{t^*} - (1-\tau_3)\, r(s)ds\right] dt^*$$

$$\begin{aligned} \text{mit } R_n &= P(Y - A - \dot{K} - wL) - rD_f + \dot{D}_f - T_R - T_K - T_z - T_D \\ &= (1-\tau_R)\, P(Y - A - \dot{K} - wL) - \tau_K P\dot{K} \\ &\quad - (1-\tau_z)rD_f + (1-\tau_D)\dot{D}_f. \end{aligned}$$

Im Planungszeitpunkt t = 0 soll durch geeignete Wahl der Verschuldungspolitik, der Kapitalakkumulation und des Arbeitseinsatzes der Marktwert des Unternehmens maximiert werden:

(13) $$\max_{\{D_f, K, L\}} M(0)$$

unter den Bedingungen $K(0) > 0$, $D_f(0) \gtreqless 0$; dabei sei $D_f(0)$ genügend klein, um $M(0) > 0$ zu ermöglichen. Die HAMILTON-Funktion lautet:

(14) $$H_f = R_n + \lambda_K \dot{K} + \lambda_D \dot{D}_f$$

mit λ_K und λ_D als den Schattenpreisen des Sachkapitalstocks bzw. der Unternehmensverschuldung.

Der optimale Arbeitseinsatz setzt voraus, daß

$$\frac{\partial H_f}{\partial_L} = (1 - \tau_R)P(Y_L - w) = 0$$

(15) $$Y_L = w.$$

Ob im steuerfreien Zustand oder ob mit einer der hier in Rede stehenden Steuern kalkuliert wird: das Optimum setzt die Gleichheit von realem Wertgrenzprodukt der Arbeit und Reallohnsatz voraus.

In Abwesenheit von Finanzierungsrestriktionen ist eine notwendige Bedingung für die optimale Finanzierung, daß

(16) $$\frac{\partial H_f}{\partial D_f} = (1-\tau_D) + \lambda_D = 0$$

ist. Um die Implikationen zu erkennen, mache man sich die Bedeutung von $\lambda_D(t)$ klar. Im Unternehmensoptimum - also im Maximum des Funktionals (13) - gibt $\lambda_D(t)$ an, wie sich der Wert des Unternehmens ändert, wenn man - ausgehend vom optimalen Verlauf der Unternehmensverschuldung $\{\tilde{D}(t)\}_o^\infty$ - ab dem Zeitpunkt t die Unternehmensverschuldung marginal erhöht. Unter der Voraussetzung, daß $\lim_{t\to\infty} r(t) > 0$, errechnet man aus (12):

$$\lambda_D(t) = \int_t^\infty \frac{\partial R_n(t^*)}{\partial D_f(t^*)} \exp\left[\int_t^{t^*} - (1-\tau_3)r(s)ds\right] dt^*$$

$$= \int_t^\infty - (1-\tau_z)r(t^*) \exp\left[\int_t^{t^*} - (1-\tau_3)r(s)ds\right] dt^*$$

$$= \frac{1-\tau_z}{1-\tau_3} \int_t^{\infty} -\ (1-\tau_3)r(t^*)\ \exp\left[\int_t^{t^*} -\ (1-\tau_3)r(s)ds\right] dt^*$$

$$= \frac{1-\tau_z}{1-\tau_3}\ \exp\left[\int_t^{t^*} -\ (1-\tau_3)r(s)ds\right]_{t^* = t}^{t^* = \infty}$$

$$(17) \quad \lambda_D(t) = -\ \frac{1-\tau_z}{1-\tau_3}\ .$$

(16) und (17) fordern, daß

$$(18) \quad 1 - \tau_D = \frac{1-\tau_z}{1-\tau_3}$$

ist. In der steuerfreien Welt ist (18) trivialerweise erfüllt. Im Falle der britischen Reformsysteme ist $\tau_3 = 0$ (keine Besteuerung von Nettozinseinkünften auf der Haushaltsebene). Beide enthalten auch die Gleichheit von τ_z und τ_D; bei KAY/KING gilt sogar $\tau_z = \tau_D = 0$. Beim Mannheimer Vorschlag ist $\tau_D = \tau_2 \geq 0$; $\tau_z = \tau_1(1 - \tau_2) + \tau_2$; und es wird die Gleichheit von τ_3 und τ_1 gefordert. Setzt man entsprechend ein, so sieht man, daß (18) auch von allen drei Reformsystemen erfüllt wird, und zwar - wie man (17) und (18) entnimmt - unabhängig von der Höhe von D_f und von $\dot{D}_f$. Das heißt zugleich, daß der optimale Zeitpfad der Nettoneuverschuldung wie in der steuerfreien Ökonomie unbestimmt ist. Dies zusammen mit der Tatsache, daß die Reformsysteme zusätzliche Beteiligungen steuerlich wie negative Ausschüttungen behandeln, ist maßgebend für die Gleichwertigkeit aller Finanzierungswege - wie ohne Steuer. Anders ist dies beim herkömmlichen Steuersystem. Zwar ist bei idealer Konstruktion der Reinvermögenszugangsbesteuerung $\tau_D = 0$ und $\tau_z = \tau_3$, so daß Bedingung (18) erfüllt ist. Aber es gibt keine Steuerbefreiung der Neubeteiligung, so daß die Beteiligungsfinanzierung kein perfektes Substitut der Selbstfinanzierung ist. Im übrigen kann man zeigen (SINN 1985), daß bei der faktischen Ausgestaltung der herkömmlichen Systeme zur Kapitaleinkommensbesteuerung es eine Dominanz der Fremd- gegenüber den beiden Formen der Eigenfinanzierung geben kann, aber nicht das Gegenteil. Man sollte sein Augenmerk indes vor allen Dingen darauf richten, daß eine steuersatzmäßige Entlastung von Ausschüttungen die Beteiligungsfinanzierung nicht attraktiver macht. Wie der Mannheimer Vorschlag zeigt, kann man Ausschüttungen sogar schärfer besteuern als andere Teile des Kapitaleinkommens, ohne daß ein Anreiz entsteht, die Finanzierungsstruktur zugunsten von Fremd- oder Selbstfinanzierung zu ändern. Voraussetzung ist allerdings, daß die Ausschüttung-Sondersteuer auf die Netto-ausschüttung (also unter Abzug der Neubeteiligung) als Bemessungsgrundlage begrenzt wird.

Im nächsten Schritt analysieren wir die Kapitalakkumulation. Notwendige Bedingungen für ein Optimum sind

$$(19)\quad \frac{\partial H_f}{\partial \dot{K}} = -\,(1-\tau_R + \tau_K)P + \lambda_K = 0$$

und

$$(20)\quad \dot{\lambda}_K - r(1-\tau_e)\lambda_K = -\,\frac{\partial H_f}{\partial K} = -\,(1-\tau_R)P(Y_K - A_K)$$

Aus (19) und (20) erhält man

$$(21)\quad Y_K - A_K = \frac{1 - \tau_R + \tau_K}{1 - \tau_R}\,[r(1-\tau_3) - \hat{P}]$$

Bei den beiden in Großbritannien entwickelten Reformsystemen ist $\tau_K = \tau_3 = 0$. Folglich hat man dafür die Gleichheit von Nettogrenzproduktivität des Kapitals und Realzins

$$(22)\qquad Y_K - A_K = r - \hat{P}.$$

Bei dem Mannheimer Vorschlag ist zwar auch $\tau_K = 0$ (die Sachinvestitionen werden steuerlich sofort abgeschrieben), aber $\tau_3 > 0$ (auf der Haushaltsebene unterliegen die Nettozinseinkünfte der Besteuerung). Folglich gilt dabei

$$(23)\qquad Y_K - A_K = r(1 - \tau_3) - \hat{P}.$$

Anders als bei den beiden britischen Vorschlägen greift die Besteuerung in die Optimalbedingung für das Unternehmenswachstum ein: bei gegebenem Marktzinssatz und gegebener Inflationsrate müßte die

Nettogrenzproduktivität des Kapitals mit wachsender Steuerbelastung der Nettozinseinkommen abnehmen.

Auch bei den herkömmlichen Systemen der Kapitaleinkommensbesteuerung greift die Besteuerung in die Kapitalakkumulation ein; denn idealerweise gilt dabei $\tau_R = \tau_K > 0$ und $\tau_3 > 0$. Folglich hat man bei idealer Reinvermögenszugangsbesteuerung

$$(24) \qquad (Y_K - A_K)(1 - \tau_R) = r(1 - \tau_3) - \hat{P}.$$

Nur bei $\tau_R = \tau_3$ und Inflationsfreiheit ($\hat{P} = 0$) ist die aus der Sicht des Unternehmens günstigste Kapitalakkumulation durch die Gleichheit von Nettogrenzproduktivität des Kapitals und Marktzinssatz gekennzeichnet. Bei sich änderndem Preisniveau greift die Besteuerung ein. Im allgemeinen weicht zudem die Gewinnbesteuerung (mit dem Satz τ_R) von der Zinseinkommensbesteuerung der Haushalte ab. Nur wenn bei der Körperschaftsbesteuerung nach Maßgabe einer Teilhabersteuer verfahren würde, könnte man die Differenzen zwischen τ_R und τ_3 beseitigen. Im übrigen sind die Unterschiede zwischen τ_R und τ_3 von Unternehmen zu Unternehmen - je nach Zivilrechtsform und Ausschüttungsverhalten - verschieden groß, so daß die einzelnen Sektoren in ihren individuellen Optima unterschiedlich hohe Nettogrenzproduktivitäten des Kapitals realisieren. Dieses wird noch dadurch verstärkt, daß in Wahrheit anders, als bisher stillschweigend unterstellt wurde, steuerlich abgeschrieben wird: nicht nach Maßgabe sich ändernder Ertragswerte, sondern nach den gesetzlichen Pauschalierungsbestimmungen. Man könnte dem in unserem Kalkül dadurch andeutungsweise Rechnung tragen, daß man eine Differenz zwischen τ_R und τ_K unterstellt, die je nach Unterschied zwischen steuerlicher und korrekter Abschreibung von Unternehmen zu Unternehmen verschieden groß ist. Anders als bei den drei Reformsystemen ändert daher die herkömmliche Besteuerung auch die intersektorale und - dies kann entsprechend übertragen werden - die internationale Kapitalstruktur. Es bedarf keines umfangreichen Rechenwerkes mehr, um folgendes plausibel zu machen: Wenn die USA den Weg von herkömmlicher Besteuerung mit Abschreibungen pro rata temporis ($\tau_K > 0$) in Richtung auf steuerliche Sofortabschreibungen gehen (τ_K tendiert gegen Null), so passen sich die USA-Unternehmen langfristig mit sinkenden Kapitalgrenzproduktivitäten - siehe Bedingung (21) - und entsprechendem Kapitalstockwachstum an. Zugleich steigt - international - die Nachfrage nach Kreditkontrakten; sie treibt das internationale Zinsniveau in die Höhe. Das bedeutet für die im steuerpolitischen Attentismus verharrenden Länder (z. B. Europa) oder steuerpolitisches Kasperltheater spielende Länder (z. B. Bundesrepublik Deutschland), daß sich ihre Unternehmen - gemäß (21) - mit steigender Nettogrenzproduktivität des Kapitals und also sinkender Kapitalintensität anpassen. Es kommt zu einer Umstrukturierung des Weltkapitalstocks in Richtung USA (Einzelheiten lese man bei SINN 1984c).

5. Gehen wir nun zur Analyse des Haushaltssektors über, den wir durch einen repräsentativen Haushalt darstellen. Er strebt nach dem Maximum seiner persönlichen Wohlfahrt; letztere ist im Entscheidungszeitpunkt durch

$$(25) \qquad \int_0^{\infty} U(C, F)e^{-\rho t}\, dt$$

beschrieben. Im Entscheidungszeitpunkt verfügt - so nehmen wir an - der Haushalt über ein positives Vermögen:

$$(26) \qquad V(0) = V_0 > 0.$$

Zu jedem Zeitpunkt setzt sich das Vermögen V(t) des Haushalts zusammen aus

- seinen Forderungen gegenüber dem Unternehmenssektor und dem Staat, $D_f(t) + D_g(t)$,
- dem Marktwert des repräsentativen Unternehmens gemäß (12); auf ideal funktionierenden Kapitalmärkten ist er gleich dem Kurswert seiner Beteiligungen;
- dem Barwert B(t) staatlicher Transferzahlungen b:

  $$B(t) = \int_t^{\infty} b(t^*) \quad \exp\left(\int_t^{t^*} - (1-\tau_3)r(s)\, ds\right) dt^*$$

  Die Transferzahlungen sind in jedem Augenblick gleich der Differenz aus laufenden Steuereinnahmen und staatlichen Zinszahlungen (zur Begründung dieser Annahme vgl. man SINN, 1985),
- schließlich dem "Humankapital" A des Haushalts; es wird hier als Barwert der Verdienstmöglichkeiten aufgefaßt, die dem Haushalt und seinen Nachkommen nach Maßgabe der insgesamt verfügbaren Zeit geboten sind:

  $$A(t) = \int_t^{\infty} w(t^*)\bar{L}(t^*) \quad \exp\left(\int_t^{t^*} - (1-\tau_3)r(s)\, ds\right) dt^*$$

Es gilt also:

(27) $V(t) = D_f(t) + D_g(t) + M(t) + B(t) + A(t).$

Für die zeitliche Änderung der Vermögenskomponenten hat man

(28) $\dot{D}_f + \dot{D}_g = PwL + R_n + (1-\tau_3)r(D_f + D_g) + b - PC.$

(29) $\dot{M} = - R_n + (1 - \tau_3)r\ M$

(30) $\dot{B} = - b + (1 - \tau_3)r\ B$

(31) $\dot{A} = - Pw\bar{L} + (1-\tau_3)r\ A = - Pw(L + F) + (1-\tau_3)r\ A$

Faßt man (28) bis (31) zusammen, so erhält man

(32) $$\begin{aligned}\dot{V} &= (1-\tau_3)r(D_f + D_g + M + B + A) - PC - PwF \\ &= (1-\tau_3)r\ V - PC - PwF\end{aligned}$$

Es ist (25) unter den Bedingungen (26) und (32) zu maximieren. Als HAMILTON-Funktion hat man

$$H_h = U(C, F) + \lambda_v \left\{(1-\tau_3)r\ V - PC - PwF\right\}.$$

Als notwendige Bedingungen für ein Optimum errechnet man

(33) $\partial H_h/\partial C = U_C - \lambda_v P = 0$

(34) $\partial H_h/\partial F = U_F - \lambda_v Pw = 0$

(35) $\dot{\lambda}_v - \rho\lambda_v = - \partial H_h/\partial V = - \lambda_v(- \tau_3)r$

Aus (33) und (34) ergibt sich

(36) $U_F/U_C = w.$

Die Haushalte disponieren so über Freizeit (und damit über Arbeitszeit) sowie Güterkonsum, daß die Grenzrate der Substitution von Konsum durch Freizeit gleich dem Reallohnsatz ist. Dies gilt sowohl im steuerfreien Zustand als auch bei jeder hier diskutierten Form der Kapitaleinkommensbesteuerung; letztere greift also nicht ein. Man beachte aber, daß wir die Besteuerung des Lohneinkommens in dieser Analyse nicht behandeln. Aus (33) und (35) leitet man her:

$$\hat{\lambda}_V - \rho = -(1-\tau_3)r$$

$$\hat{U}_C = \hat{\lambda}_V + \hat{P}$$

$$\rho - \hat{U}_C = (1-\tau_3)r - \hat{P} \tag{37}$$

Der Haushalt legt seinen zeitlichen Konsumstrom so fest, daß seine subjektive Zeitpräferenzrate bezüglich des Güterkonsums gleich dem Nettorealzinssatz ist; $(1 - \tau_3)r$ ist der Nettogeldzinssatz (nach Abzug der Steuer auf Zinseinkommen); davon ist die Inflationsrate abgezogen. Bei den beiden britischen Reformsystemen greift die Besteuerung wegen $\tau_3 = 0$ nicht, wohl bei dem Mannheimer Vorschlag und bei Reinvermögenszugangsbesteuerung.

6. Es bleibt zu prüfen, welche Gesamtkonstellation sich bei unabhängiger Entscheidung von Unternehmen und Haushalten im Marktprozeß einstellt.

Bezüglich des Arbeitseinsatzes liefern (15) und (36)

$$Y_L = w = U_F/U_C.$$

Damit realisieren die Marktakteure die Optimalbedingung (6). Keines der hier in Frage stehenden Systeme der Kapitaleinkommensbesteuerung stört die optimale Allokation der Arbeitskraft. Hinsichtlich der Kapitalbildung hat man aus (21) und (37)

$$(Y_K - A_K)\ \frac{1 - \tau_R}{1 - \tau_R + \tau_K} = r\ (1-\tau_3) - \hat{P} = \rho - \hat{U}_C \tag{38}$$

Die beiden britischen Reformsysteme stellen wegen $\tau_K = \tau_3 = 0$ die Erfüllung der Optimalbedingung (7) sicher. Sie tun das dadurch, daß die Kapitaleinkommensbesteuerung - bei festem Zinssatz und fester Preisänderungsrate - weder die Unternehmensentscheidungen über die Kapitalakkumulation noch die Konsum-/Sparentscheidungen der Haushalte berührt. Anders verfährt der Mannheimer Vorschlag ($\tau_K = 0$; $\tau_3 > 0$). Bei ihm werden durch die Steuer beide Entscheidungen berührt, dies aber so, daß im Marktgleichgewicht doch wieder die Gleichheit von Nettogrenzproduktivität des Kapitals und individueller Zeitpräferenzrate hergestellt ist. Die optimale Kapitalakkumulation bleibt somit ungestört. Dies ist bei herkömmlicher Besteuerung des Reinvermögenszugangs in der Praxis kaum herstellbar. Es müßten nämlich zwei Voraussetzungen gleichzeitig erfüllt sein:

- Erstens dürften keine Preisänderungen stattfinden ($\hat{P} = 0$).
- Zweitens müßte die Gleichheit von $(1 - \tau_3)$ und $(1 - \tau_R)(1 - \tau_R + \tau_K)$ gesichert sein.

Die zweite Bedingung könnte dadurch erfüllt werden, daß das Steuerrecht $\tau_R = \tau_K = \tau_3$ vorsieht. Die Gleichheit von Gewinnbesteuerung im Unternehmenssektor (τ_R) und Zinseinkommensbesteuerung auf der Haushaltsebene (τ_3) könnte man durch restlose Abschaffung zivilrechtsformabhängiger Besteuerungsunterschiede zu erreichen versuchen, insbesondere durch eine Einkommensbesteuerung der Körperschaften nach den Prinzipien der Teilhabersteuer. Um die Gleichheit von τ_K und τ_R herstellen zu können, wäre dann die korrekte Ermittlung der laufenden Wertverluste an Sachanlagen erforderlich - eine Bedingung, die Steuerrecht und Steuererhebungspraxis wohl nie bei erträglichem Ressourcenverbrauch erfüllen können. Selbst wenn dies möglich wäre, so muß doch immer mit Preisbewegungen gerechnet werden; die Nichterfüllung der ersten Voraussetzung würde die optimale Kapitalakkumulation selbst bei perfektem Steuerrecht stören. Steuerliche Sofortabschreibungen machen $\hat{P} = 0$ für effiziente Kapitalakkumulation überflüssig und lassen das Bewertungsproblem verschwinden. Sie sind es daher, die im Zentrum jeder Reform der Kapitaleinkommensbesteuerung stehen müßten, wenn es um die Wiederherstellugn optimaler Wachstumsbedingungen geht. Damit kein Mißverständnis entsteht: es geht hier nicht um die Forderung, das Wirtschaftswachstum ohne Rücksicht auf Umwelt und erschöpfbare Ressourcen zu forcieren. Letztlich wird hier nur empfohlen, solche Bedingungen im Steuerrecht zu schaffen, die die gegenwärtige Versorgung unserer Bevölkerung mit einem geringeren als dem aktuellen Ressourceneinsatz oder - anders herum - mit dem aktuellen Ressourceneinsatz eine bessere Versorgung ermöglichen. Wenn man so will, geht es um den ökonomischen (sparsamen) Umgang mit den knappen materiellen Lebensgrundlagen.

V. LITERATUR

ALTER, R., Steuerpolitische Aspekte der Technologieförderung - Vier grundsätzliche Bemerkungen, in: Workshop 83 - Venture Capital für junge Technologieunternehmen, Haar bei München 1983, S. 193 ff.

BÖHM-BAWERK, E. v., Kredit und Kapitalzins, Teil II: Positive Theorie des Kapitals, 4. Aufl., Bd. 1, Jena 1921

BRADFORD, D. F., The Incidence and Allocation Effects of a Tax on Corporate Distributions, in: Journal of Public Economics 15, 1981, S. 1 ff.

BROWN, F. C., Business-Income-Taxation and Investment Incentives, in: L. A. Metzler/E. D. Domar u. a. (Ed.), Income, Employment on Public Policy, Essays in Honor of A. H. Hansen, New York 1948

CLAUSSEN, C. P., Die Rolle des Kapitalmarktes und der Börsen bei der Technologiefinanzierung, in: Workshop 83, a.a.O., S. 35 ff.

DANNHORN, H.-P., Protokoll zum Arbeitskreis III, in: Workshop 83, a.a.O., S. 203 ff.

DIETZEL, C., Die Besteuerung der Aktiengesellschaften in Verbindung mit der Gemeindebesteuerung, Köln 1859

EGGESIEKER, F., Voraussetzungen, Möglichkeiten und Gefahren der Nutzung steuerbegünstigter Kapitalanlagen für die Innovationsfinanzierung, in: Workshop 83, a.a.O., S. 173 ff.

ENGELS, W./STÜTZEL, W., Teilhabersteuer. Ein Beitrag zur Vermögenspolitik, zur Verbesserung der Kapitalstruktur und zur Vereinfachung des Steuerrechts, 2. überarbeitete Auflage, Frankfurt/M. 1968

ERTL, B., Die Bundesrepublik - Entwicklungsland auf dem Kapitalmarkt? Möglichkeiten zur Aktivierung des Neuemissionsmarktes, in: Workshop 83, a.a.O., S. 135 ff.

HAMKE, F., Steuerliche Ansatzpunkte zur Erschließung von Risikokapital für junge Technologieunternehmen, in: Workshop 83, a.a.O., S. 163 ff.

HANUSCH, H., Anatomy of Government Deficiencies, Berlin - Heidelberg - New York - Tokio 1983

KAY, J. A./KING, M. A., The British Tax System, Oxford 1978

LITTMANN, K., Die Chancen staatlicher Innovationslenkung, Göttingen 1975

MARX, K./ENGELS, F., Manifest der kommunistischen Partei, nach der letzten von Friedrich Engels besorgten deutschen Ausgabe von 1890, Berlin 1946

MEADE-Committee, The Structure and Reform of Direct Taxation. Report of a Committee Chaired by Professor J. E. MEADE, London - Boston - Sydney 1978

NATHUSIUS, K., Wege zur Aktivierung von Venture Capital in Deutschland, in: Workshop 83, a.a.O., S. 89 ff.

NEUMARK, F., Grundzüge gerechter und ökonomisch rationaler Steuerpolitik, Tübingen 1970

PÜTZ, P./WILLGERODT, H., Mehr Beteiligungskapital, im Auftrag des "Kronberger Kreises" erstelltes Gutachten, hrsg. v. Frankfurter Institut für wirtschaftspolitische Forschung e. V., Bad Homburg v.d.H.

SINN, H.-W., Die Inflationsgewinne des Staates, in: E. Wille (Hrsg.), Beiträge zur gesamtwirtschaftlichen Allokation, Frankfurt/M. - Bern - New York - Nancy 1983

SINN, H.-W., Wachstums- und beschäftigungsneutrale Kapitaleinkommensbesteuerung, in: H. Siebert (Hrsg.), Intertemporale Allokation, Frankfurt/M. - Bern - New York - Nancy 1984(a), S. 259 ff.

SINN, H.-W., Systeme der Kapitaleinkommensbesteuerung. Ein allokationstheoretischer Vergleich, in: D. Bös/M. Rose/Ch. Seidl (Hrsg.), Beiträge zur neueren Steuertheorie, Berlin - Heidelberg - New York 1984(b), S. 209 ff.

SINN, H.-W., Die Bedeutung des Accelerated Cost Recovery System für den internationalen Kapitalverkehr, Referat vor dem Ausschuß für Außenwirtschaftstheorie und -politik im Mai 1984, hier nach dem Manuskript 1984(c) zitiert.

SINN, H.-W., Neue Wege der Unternehmensbesteuerung, in: Wirtschaftsdienst 64. 7,1984(d), S. 328 ff.

SINN, H.-W., Kapitaleinkommensbesteuerung. Eine Analyse der intertemporalen, intersektoralen und internationalen Allokationswirkungen, Tübingen 1985

STEUERREFORMKOMMISSION, Gutachten, Schriftenreihe des BMF, Heft 17, Bonn 1971

WEBER, W., Der Berliner Innovationsfonds als Bindeglied zum Venture Capital, in: Workshop 83, a.a.O., S. 69 ff.

WEITERSHAUSEN, O. v., Mehr Flexibilität auch für das Kapital, in: Der Arbeitgeber, Nr. 3 vom 10.02.1984, S. 111, 115

WIRTSCHAFTSWOCHE, Manager statt Moneten, in: Wirtschaftswoche, Nr. 51 vom 16.12.1983, S. 34

WIRTSCHAFTSWOCHE, Wir dürfen nicht überholte Rezepte nachahmen. Ein Interview mit R.-D. Leister, ebenda, S. 35 ff.

WISSENSCHAFTLICHER BEIRAT BEIM BUNDESMINISTERIUM FÜR FINANZEN, Gutachten zur Reform der direkten Steuern in der Bundesrepublik Deutschland, in: Schriftenreihe des BMF, Heft 9, Bad Godesberg 1967

VI. BERICHT ÜBER DIE DISKUSSION
(Leitung: Professor Dr. Otto H. JACOBS, Universität Mannheim)

Die Forderung des Referenten nach einem strukturell völlig neuen Steuersystem für die Bundesrepublik Deutschland regte die Teilnehmer zu einer lebhaften Diskussion an. Dabei ging man von der Aussage des Referenten aus, das jetzige System sei von den Grundsätzen her unzureichend und bringe eine "Flickschusterei" mit sich.

Eine kritische Beleuchtung des gegebenen Systems sei, so Professor JACOBS, relativ einfach. Ein abstraktes System zu kritisieren, das seine Bewährungsprobe noch nicht bestanden habe, sei dagegen ein recht schwieriges Unterfangen.

1. BEMESSUNGSGRUNDLAGEN DER DREI REFORMSYSTEME

Im Zusammenhang mit den drei von Professor NACHTKAMP vorgeschlagenen Steuerreformsystemen bat Professor JACOBS um genauere Erläuterungen der jeweiligen Bemessungsgrundlage der Besteuerung.

Am einfachsten sei, so der Referent, die KAY/KING-Konzeption. Die Steuerbemessungsgrundlage stelle tatsächlich der realwirtschaftliche Cash-flow dar. Bei genauer Betrachtung sei folgendes zu sehen: Stellte man neben eine derartige Kapitaleinkommensbesteuerung noch die Einkommensteuer auf Lohneinkünfte und faßte diese beiden Bemessungsgrundlagen zusammen, so ergäbe sich - von den in der Bundesrepublik praktizierten Befreiungen und Entlastungen abgesehen - gesamtwirtschaftlich exakt dieselbe Bemessungsgrundlage wie bei einer konsumorientierten Mehrwertsteuer. Der Referent begründete auf diese Weise seine Skepsis gegen Einlassungen, wonach die Einführung dieser Bemessungsgrundlage nicht durchführbar sei. In der Praxis würden heute schon Entlastungen in der Einkommensbesteuerung und zusätzliche Belastungen in der Mehrwertbesteuerung durchgeführt; cum grano salis gehe man also bereits in Richtung KAY/KING.

Die MEADE-Konzeption beruhe auf einer anderen Steuerbemessungsgrundlage. Das MEADE-Committee betrachte die Unternehmensebene praktisch als Einheit gegenüber der Haushaltsebene. Dabei soll der Cash-flow zwischen diesen beiden Ebenen besteuert werden. Das führe dazu, daß von dem KAY/KING-Cash-flow noch die Nettozinskosten abgezogen und zu dieser Bemessungsgrundlage dann die Nettoneuverschuldungen der Unternehmensebene addiert würden. Rechnete man dies von der anderen Bilanzseite her auf, so der Referent, würde man erkennen können, daß dieser Betrag genau den Ausschüttungen entspräche. Man hätte dann reine Ausschüttungssteuern.

Das Mannheimer System sei auf den ersten Blick etwas komplizierter. Es enthalte als erste Komponente im Grunde genommen eine Bemessungsgrundlage nach Art von KAY/KING, allerdings unter Abzug der Nettozinskosten. Die zweite Komponente sei eine Sondersteuer, eventuell auf Ausschüttungen, deren Satz man im Prinzip setzen könne wie man wolle, nur dürfe sie nicht prohibitiv wirken. Prohibitiv wirke eine Steuer spätestens dann, wenn alle Erträge voll weggesteuert würden. Man könnte diese Sondersteuer auf Ausschüttungen aber tatsächlich erheben, denn sie habe keinen allokativen Effekt. Die dritte Komponente dieser Besteuerung bestehe in einer Steuer auf Zinseinkünfte. Die Realisierung des Mannheimer Vorschlages würde umfassen: Steuern auf Lohneinkünfte, Steuern auf thesaurierte Gewinne und auf ausgeschüttete Gewinne - alle drei Besteuerungen blieben die gleichen wie bisher. Auf eine derzeitige Komponente der Besteuerung zu verzichten, wäre also überflüssig.

2. AUSSCHLUSS STAATLICHER INTERVENTIONEN

Professor JACOBS bat den Referenten, den Widerspruch zwischen seiner Forderung nach Unterlassung jeglicher staatlichen Intervention auf die Risikokapitalbereitstellung und dem starken Drängen nach Sofortabschreibungen zu erläutern. Nach Meinung von Professor JACOBS stellten die Steuerausfälle, die bei Sofortabschreibungen gegeben seien, eine ganz erhebliche staatliche Intervention dar.

Professor NACHTKAMP betonte, daß er die jetzige nicht neutrale Besteuerung für interventionistisch halte. Sie sorge für ein Wachstum, das niedriger sei als im Fall einer neutralen Besteuerung. Die Einführung der steuerlichen Sofortabschreibung und anderer flankierender Maßnahmen sei dagegen eben keine interventionistische Aktivität, sondern baue lediglich existierende Wachstumshemmnisse der Besteuerung ab.

3. STAATLICHE BETEILIGUNG BEI DER RISIKOKAPITALVERSORGUNG IN DER ANTRAGSPHASE

Eine weitere Frage zum Komplex der staatlichen Einwirkung stellte Wilhelm VON CARLOWITZ, Direktor der COMMERZBANK AG, Heidelberg. Ihn interessierte die konkrete Beteiligung des Staates bei der Prüfung von Hochtechnologieprojekten kleiner Unternehmen im ersten Stadium der Risikokapitalbeschaffung. Aus seiner praktischen Erfahrung heraus wisse er, daß das geforderte Geld oft verweigert werden müsse, da die Banken das Vorhaben wissenschaftlich-wirtschaftlich nicht beurteilen könnten. In Baden-Württemberg seien deshalb wissenschaftliche Gremien eingeführt worden, die die wirtschaftlichen Aussichten solcher Vorhaben in diesem ersten Stadium der Kapitalbeschaffung prüften. Nach erfolgreicher Prüfung könnten Banken und Kapitalgeber dazustoßen. Hier läge also eine Aufgabe für den Staat.

Der Referent bestätigte die Aktualität dieses Problems, verwies es aber in den Rahmen der Wettbewerbspolitik bzw. in den Bereich der Regionalpolitik. Diese beiden Bereiche seien aber nicht das Thema seines Referates gewesen, weshalb er nur am Rande darauf einging.

In Berlin sei beispielsweise die Risikokapitalaktivität von der Zielfunktion des Berliner Senats abhängig und damit eine klare regionalpolitische Absicht. Er bezweifle stark, ob der Staat in diesem Bereich viel bewirken könne, obwohl das Grundproblem für die kleineren Einheiten an Beteiligungskapital zu kommen, deutlich gesehen werde. Es mangele für diese Unternehmen sogar schon an ausreichender Fremdkapitalversorgung, weil Banken nur Sachwerte beleihen würden und kein Humankapital.

Im Falle der Wagnisfinanzierungsgesellschaft, in der sich der Staat sehr stark engagiere, sind nach Meinung von Professor NACHTKAMP viele Anträge im Gestrüpp von bürokratischen Verhaltensweisen hängengeblieben. Daß ein Deutscher, der eine vielversprechende Erfindung gemacht habe, schließlich in die Vereinigten Staaten gegangen sei, um dort eine Aktiengesellschaft zu gründen, damit er seine Aktivität in der Bundesrepublik finanzieren könne, spräche seiner Meinung nach nicht dafür, daß hier auf eine große Effektivität staatlicher Organe gebaut werden könne.

Lediglich die Schaffung geeigneter Rahmenbedingungen im Bereich der Rechtsordnung sowie im Wertpapier-, Banken- und Börsenwesen, die es ermöglichen. in angemessenem Umfang auch kleineren Aktivitäten Beteiligungskapital zur Verfügung zu stellen, sei eine ernstzunehmende und wichtige Aufgabe des Staates.

4. STAATLICHE RISIKOKAPITALBEREITSTELLUNG IM BEREICH DER FORSCHUNG

Bei der Risikokapitalbereitstellung durch den Staat solle man nach Meinung von Professor GERKE die Forschungsförderung, die der Staat leiste, mit Einschränkungen aber auch die direkte Risikokapitalsubventionierung nicht pauschal kritisieren. Konsequenterweise müsse Professor NACHTKAMP derartige, bisher als notwendig anerkannte Einzelmaßnahmen jedoch ablehnen, da er ein generell anders strukturiertes System fordere.

Der Referent erwiderte, daß im Bereich der Forschungsförderung eine klare Trennungslinie zu ziehen sei: Die Grundlagenforschung müsse und könne nur der Staat fördern, weil die Grundlagenforschung kein marktfähiges Gut sei. Soweit es sich aber um Forschung handele, die auf markt- und patentfähige Produkte und Produktionsverfahren gerichtet sei, lehnte der Referent jegliche staatliche Hilfe ab.

5. FINANZIERUNG VON RISIKOKAPITAL

Wolfgang JUNG von der ALBINGIA Versicherungs-AG in Hamburg stellte die Risikokapitalaufbringung in der Bundesrepublik in Relation zu der Finanzierung riskanter Projekte in den Vereinigten Staaten. Die in der REAGAN-Administration beabsichtigten steuerlichen Erleichterungen bewirkten unter anderem auch einen hohen Finanzierungsbedarf. Wenn alle westlichen Länder nach dem amerikanischen Steuerprinzip verfahren würden, könne der Finanzierungsbedarf nicht gedeckt werden. Hinzu kämen erhebliche steuerliche Ausfälle.

Nach Ansicht des Referenten sind jedoch bei der Einführung des Mannheimer Systems die Einbrüche bei der Besteuerung nicht allzu groß. Die Haushaltsdefizite der Vereinigten Staaten seien letzten Endes nicht nur dadurch entstanden, daß man steuerlichen Sofortabschreibunen sehr nahe gekommen sei. Sie hätten vielmehr auch andere Ursachen. Es gehe übrigens nicht darum, steuerliche Abschreibungen von mehr als 100 v. H. zu erlauben, sondern um die zeitliche Hinausschiebung der Steuerschuld und um Steuerstrukturänderungen. Das Mannheimer System vertrage durchaus ein Sonderopfer zu Lasten der Ausschüttungen, ohne das Wachstum negativ zu beeinflussen.

Diese Zusammenhänge hielt der Referent auch Heinz SAERBERG, Vorstandsmitglied der Gesellschaft für Wertpapierinter. entgegen, der die Problematik der Wachstumsveränderung durch die Inanspruchnahme des Cash-flow-Systems aufgriff, und versuchte, vom betriebswirtschaftlichen Cash-flow Rückschlüsse auf Steuerwirkungen zu ziehen.

Für die von Heinz SAERBERG angesprochenen Minderungen der Ausschüttungen durch die Cash-flow-Besteuerung in dem spezifischen Fall eines großen deutschen Unternehmens der Automobilindustrie seien nach Meinung von Professor NACHTKAMP möglicherweise andere Gründe anzuführen. Eine solche negative Wirkung der Cash-flow-Besteuerung könne er sich nicht vorstellen.

6. PRAKTISCHE DURCHFÜHRBARKEIT DER VORGESTELLTEN STEUERSYSTEME

Professor GERKE sprach dem Referenten zwar die möglichen Einflüsse der vorgestellten Systeme auf die Risikokapitalbildung in der Bundesrepublik nicht ab, sah jedoch keine Möglichkeit, eines dieser Systeme hier einzuführen. Seit Jahrzehnten würden viele Lobbyisten an einem ausgeklügelten Steuersystem arbeiten; die Einführung eines völlig neuen Systems würde eine erneute, langwierige, aber dennoch notwendige Auseinandersetzung mit ihnen entfesseln.

Professor NACHTKAMP bekundete sein Verständnis dafür, daß der Eindruck entstanden sein könnte, seine Ausführungen seien sehr theoretisch. Aus seiner Überzeugung heraus fühle er jedoch die Verpflichtung, ganz der Tradition der Universität entsprechend, aufklärerisch zu wirken und sich mit den Dingen so auseinanderzusetzen, wie es sein Zweig der Wissenschaft von ihm verlange.

C DAS INTERESSE MITTELSTÄNDISCHER UNTERNEHMEN AM ÖFFENTLICHEN HANDEL IHRER UNTERNEHMENSANTEILE

Martin LEICHT, Vorsitzender der ASU

G l i e d e r u n g

C. Das Interesse mittelständischer Unternehmen am öffentlichen Handel ihrer Unternehmensanteile

Martin LEICHT

I. BESTANDSAUFNAHME

Erlauben Sie mir vorab ein Wort zur persönlichen Vorstellung; damit kann ich auch die Beziehung zu dem mir gestellten Thema deutlich machen. Ich bin, was meine Aufgabe erschwert, unter den Referenten die offenkundige Ausnahme von der Regel: Denn ich bin weder Professor noch Bankier. Ich bin ein mittelständischer, ein selbständiger Unternehmer, der zu diesem Beruf gekommen ist, weil er als Werkstudent einmal in der Praxis ausprobieren wollte, was er im Seminar gehört hatte. Trotzdem ging alles gut. Das Unternehmen, im Bereich der Haustechnik tätig, hat heute rund 500 Beschäftigte und erzielt einen Umsatz von etwa 50 Mio DM im Jahr.

Auch für die ASU, deren Vorsitzender ich zur Zeit bin, hat das heutige Thema seine besondere Bedeutung; denn zur ASU gehören etwa 6.000 selbständige Unternehmer, die vor allem aus der mittleren Betriebsgröße kommen.

1. ZUR ENTWICKLUNG DER EIGENKAPITALQUOTE

Die Frage nach dem Interesse mittelständischer Unternehmen am Handel ihrer Unternehmensanteile wäre vor wenigen Jahren aus der Sicht der Börse sicher negativ beantwortet worden: Neuemissionen, erst recht solche mittlerer Unternehmen, waren in den 70er Jahren die absolute Rarität. 1982 gab es immerhin schon sechs Newcomer, 1983 elf und 1984 hat sich die Zahl auf knapp zwei Dutzend verdoppelt.

1985 setzt sich die Entwicklung fort: Erster Kandidat im neuen Jahr ist FUCHS PETROLUB, hier aus Mannheim; ein Familienunternehmen, dem die Ausgabe von nominal 9 Mio DM Vorzugsaktien neues Eigenkapital in Höhe von 18 Mio DM bringen soll.

Offenbar ist also etwas in Bewegung gekommen. Dennoch: Mißt man das an den Zahlen, die von Kennern der mittelständischen "Szene" genannt werden - 1.000 Familienunternehmen börsenfähig, 9.000 auf dem Weg dahin -, dann müssen diese Börsengänger geradezu als Außenseiter gelten. Für manchen mag das eine Bestätigung sein, daß das Eigenkapitalproblem der mittelständischen Wirtschaft offenbar doch überdramatisiert wird.
Ist das so?

- EIGENKAPITALLÜCKE

Die Statistik zeigt, daß die Eigenkapitalquote der deutschen Unternehmen von 31,4 % im Jahr 1967 auf 18,4 % im Jahr 1982 gesunken ist. Die dadurch entstandene "Eigenkapitallücke" wird auf 200 bis 250 Mrd DM geschätzt. 1983 hat sich die Eigenkapitalquote marginal um einen Zehntelprozentpunkt verbessert; das heißt, daß von der "Lücke" etwa gerade 2 Mrd DM gutgemacht worden sind. Tatsache ist, daß in der Ausstattung der Unternehmen mit Eigenkapital unter unseren Weltmarktkonkurrenten nur die Japaner und vielleicht noch die Italiener schlechter dastehen. In den USA liegt die Quote dagegen bei mehr als 60 %.

Diese drastische Schrumpfung des Eigenkapitalanteils ist alarmierend - auch wenn es sich um eine Durchschnittszahl handelt, die nicht notwendigerweise die Situation jedes einzelnen Unternehmens widerspiegelt. Diese kann besser sein, zum Beispiel bei einem mittelständischen Unternehmen, das sich erfolgreich eine Marktnische erschlossen hat. Sie kann aber auch sehr viel schlechter sein.

Da hilft es wenig, wenn zum Beispiel von Gewerkschaftsseite die Existenz einer Eigenkapitallücke schlicht bestritten wird, etwa mit dem Hinweis auf die starke Zunahme der Pensionsrückstellungen. Für mich als Unternehmer ist schwer nachvollziehbar, wie Verbindlichkeiten, die ich durch Versorgungszusagen eingegangen bin, angesichts der heutigen Rechtslage mein Eigenkapital stärken können. Dann sind ja wohl auch die neuen kostspieligen Vorruhestands-Regelungen als Beitrag zur Verbesserung der Kapitalausstattung zu feiern.

- VERLAGERUNG DER ERSPARNISBILDUNG

Im Rückgang der Eigenkapitalquote der Unternehmen drücken sich zwei Entwicklungen aus, die sich in den beiden letzten Jahrzehnten klar nachzeichnen lassen: Eine massive Verlagerung der Ersparnisbildung von den Unternehmen, deren Selbstfinanzierung zurückging, zu den privaten Haushalten hin.

Diese private Ersparnis, das ist der zweite Aspekt, floß und fließt fast ausschließlich in Geldvermögen, also nicht in Risikokapital. Das galt gelegentlich sogar für einen Teil der Unternehmensersparnisse - kein Wunder, wenn die Rendite von Geldvermögensanlagen wegen der riesigen staatlichen Kreditnachfrage und wegen der laufenden Verschlechterung der Unternehmenserträge so deutlich höher liegt. Eine Prämie gab es also - paradox genug - für Sicherheit, nicht für Risiko.

Über die Kapitalsammelstellen kam ein Teil der Mittel zurück an die Unternehmen - als Fremdkapital. Langfristige und zum Teil auch kurzfristige Kredite übernahmen damit, von den Banken zumindest am Anfang oft genug gar nicht so ungern gesehen, die Funktion, Eigenkapitalersatz zu sein - und genau das ist der Kredit natürlich nicht.

- STEUERLICHE DISKRIMINIERUNG DES EIGENKAPITALS

In den Unternehmen ist zudem die Bildung von Eigenkapital durch das Problem der Substanzbesteuerung erheblich behindert oder verhindert worden. Darüber hinaus behandelt der Steuergesetzgeber die Fremdfinanzierung günstiger als die Eigenfinanzierung; Professor Dr. RUDOLPH hat die steuerlich bedingte Kostendifferenz zuungunsten der Eigenfinanzierung auf 1 bis 2 % beziffert. Eigenkapital wird also steuerlich diskriminiert. Die genannten Faktoren haben in die gleiche Richtung gewirkt: Hin auf ein kontinuierliches Abschmelzen des Eigenkapitals und den Rückgang auf die Quote von 18,5 %.

2. ZU DEN FOLGEN DER EIGENKAPITALLÜCKE

- SUBSTANZAUSZEHRUNG

Natürlich kann man mit 18,5 % Eigenkapital leben. Ob man damit als Mittelständler erfolgreich überleben kann, ist allerdings zweifelhaft. Mit Sicherheit kommt man nicht, derart untermotorisiert, hoch in die Luft. Das Ergebnis der langjährigen Entwicklung kann man recht einfach charakterisieren: Es war ein Prozeß der Substanzauszehrung.

- BEEINTRÄCHTIGUNG DER WETTBEWERBSFÄHIGKEIT

Eigenkapitalschwache Unternehmen aber, das ist die Konsequenz, sind gezwungen, unternehmerische Möglichkeiten auszulassen; ihre Wettbewerbsfähigkeit ist beeinträchtigt, ihre Krisenanfälligkeit steigt.

- KRISENANFÄLLIGKEIT

Eigenkapital ist das Risikopolster, die Reserve, die es erlaubt, Durststrecken durchzustehen oder auch einmal Fehler zu machen - ein Grundrecht, das ich auch für den mittelständischen Unternehmer reklamieren möchte.

Ohne hinlängliches Eigenkapital können schon Kleinigkeiten, Fahrlässigkeiten zum Unternehmensexitus führen; die Zahl von Unternehmensinsolvenzen, die seit einigen Jahren auf dem Gipfel von 12.000 verharrt, steht dafür als Beleg.

Mangel an Eigenkapital führt letztlich dann auch zu Problemen bei der Kreditbeschaffung: zu ungünstigeren Bedingungen oder - im schlimmeren Fall - zur Sperre und schließlich zur Illiquidität.

- UNTERNEHMENSKONZENTRATION

Eigenkapitalschwäche hat oft genug in der Vergangenheit bei mittelständischen Unternehmen Anlehnungsbedarf entstehen lassen, der sie bereit gemacht hat, angesichts ungewisser Zukunftschancen an einen Großen zu verkaufen.

Auf diese Weise sind eine ganze Reihe traditionsreicher Namen, aber noch mehr Wenig- oder Unbekannte aus der deutschen Unternehmenslandschaft gelöscht worden; mit dem Verschwinden von selbständigen Unternehmern hat die Konzentration zugenommen. Das ist - aus meiner Sicht - ein entscheidender ordnungspolitischer Aspekt, der noch schwerer wiegt als die betriebliche Problematik. Denn hier, mit der Reduzierung der Zahl der Marktteilnehmer, geht es an die marktwirtschaftliche Substanz.

- SICHERHEITSSTREBEN

Ich will noch eine wirtschaftspolitische Überlegung anfügen, die ich auch aus persönlicher Erfahrung nur voll unterstreichen kann: Wenn es um hohes Risiko, um eine besonders riskante Investition geht, dann kann diese praktisch nur aus eigenen Mitteln finanziert werden. Da achtet auch schon der Kreditgeber darauf. Aber genau das sind die Investitionen, die neben der Gefahr des Mißerfolgs auch die besondere Chance bieten, die das Unternehmen kräftig nach vorn bringt. Wenn Eigenkapitalmangel die Unternehmen dazu veranlaßt, solche besonderen Risiken zu meiden, konventionell und eher sicherheitsbetont zu investieren, dann kann das Ergebnis nur ein Verlust an wirtschaftlicher Dynamik sein, der für unsere im internationalen Wettbewerb stehende Volkswirtschaft sehr gefährlich sein muß. Ich meine, an der Entwicklung der letzten Jahre hat man durchaus gemerkt, daß uns ein Stück der Lust am Risiko - notgedrungen - verlorengegangen ist, daß die Risikovermeidungsmentalität zugenommen hat.

Wir reden und hören allenthalben vom Strukturwandel, der zu flexiblen Anpassungen zwingt. Ich frage mich, wie wir das schaffen können, wenn wir aufgrund unserer Finanzierungsstruktur gezwungen sind, das Sicherheitsdenken vornan zu stellen.

II. DECKUNG DES VERMEHRTEN EIGENKAPITALBEDARFS

Das Zwischenergebnis, fast banal, heißt: Wir brauchen wieder mehr Eigenkapital. Aber wie kommen wir dahin?

Wenn wir Situation und Möglichkeiten realistisch betrachten, kommen wir an der Feststellung nicht vorbei, daß für das Gros der kleinen und der kleinen mittleren Unternehmen letztlich nur ein Ansatz bleibt: Die Verbesserung ihrer Ertragsmöglichkeiten und damit die Verbesserung ihrer Selbstfinanzierung. Gewinne, bessere Gewinne sind nun einmal die Voraussetzung für mehr Eigenkapital.

Wunder dürfen sicher nicht erwartet werden. Trotzdem meine ich, daß auch im Rahmen dieser Thematik die besondere Verantwortung der Wirtschafts-, Finanz-, Sozial- und insbesondere der Tarifpolitik angesprochen werden muß. Der Kostenanstieg muß gebremst, die Unternehmen müssen von Kosten entlastet werden. Für ungeeignet halte ich allerdings, diese Bemerkung möchte ich anbringen, Rezepte, die eine Verbesserung der Selbstfinanzierungsmöglichkeiten durch eine steuerliche Begünstigung des nicht entnommenen Gewinns erreichen wollen. Mich erinnern solche Forderungen, so hilfreich sie auch betriebswirtschaftlich erscheinen, an das Trojanische Pferd; denn ich halte es für unvorstellbar, daß eine solche steuerliche Schonung nicht bezahlt werden muß mit einer zusätzlichen staatlichen Mitsprache in der Gewinnverwendung. Und dieser Preis, so meine ich, wäre zu hoch.

Die Gewinnsituation der Unternehmen hat sich in den letzten beiden Jahren gebessert. Dieser Prozeß geht hoffentlich auch noch weiter. Immerhin gibt es eine zumindest relative Zurückhaltung bei den Tarifforderungen. Auch steuerliche Entlastungen sind in Aussicht gestellt. Gleichwohl: Für die größeren Mittelunternehmen, für Unternehmen, die expandieren wollen oder unter Expansionszwang stehen, wird das alles für eine nachhaltige Sanierung ihrer Eigenkapitalausstattung nicht ausreichen. Für sie bleibt wohl nur der Weg, sich zu öffnen: für neues Kapital von außen.

1. VORAUSSETZUNGEN FÜR EINE "ÖFFNUNG" FÜR NEUES KAPITAL

- GROSSES POTENTIELLES KAPITALANGEBOT

Betrachten wir zunächst einmal das potentielle Kapitalangebot. Bei den privaten Haushalten liegt ein Geldvermögen von mehr als 1,5 Bill DM. Ihre jährliche Ersparnis beläuft sich auf 150 Mrd DM. Der Rentenmarkt gibt jährlich rund 70 bis 80 Mrd DM her. Aber auch an Kapital, das bereit ist, Risiken einzugehen, scheint es nicht zu mangeln. Denken Sie an die ominösen "Zahnärzteschiffe" oder ähnlich hochriskante

Anlagen: Am "grauen Kapitalmarkt", im Bereich der Abschreibungsgesellschaften, werden nach Schätzungen etwa 4 Mrd DM jährlich angelegt. Allein das ist zweieinhalbmal soviel, wie 1984 an der Börse - einschließlich der beiden "dicken Brocken" PORSCHE und NIXDORF - an Aktien neuemittiert wurde.

- PSYCHOLOGISCHE HEMMNISSE

Das Problem liegt also wohl weniger beim potentiellen Angebot als vielmehr bei der Nachfrage nach neuem Eigenkapital. Es ist - ungeachtet der Fortschritte in den beiden letzten Jahren - ausgesprochen zögernd. Das hängt. soweit es die mittelständischen Unternehmen betrifft, mit ihrer "Herr-im-Haus"-Mentalität zusammen, heißt es. So äußert sich zum Beispiel auch das Bundeswirtschaftsministerium oder der Gutachter zum Deutschen Juristentag. Dazu einige Bemerkungen:

Das Schlagwort vom "Herr-im-Haus" hat Professor Dr. ALBACH - ebenfalls vor dem Juristentag - schon mit dem Hinweis relativiert, daß heute bei der Führung mittelständischer Betriebe allemal schon viele andere Herren mitreden: "Von den Aufsichtsämtern und den Behörden über die Banken bis zum Betriebsrat und den Gewerkschaften". Was da "Herr-im-Haus"-Mentalität genannt wird, kann man positiv auch als die hohe, ja nahezu restlose Identifikation des Unternehmers mit seinem Unternehmen bezeichnen.

Ein Bankier hat einmal spöttisch gemeint, was der mittelständische Unternehmer suche, sei vollhaftendes Kapital, dem ohne sonstige Rechte nur die Vergütung von Spareinlagen mit gesetzlicher Kündigung angeboten werde. Das ist natürlich eine irreale Wunschvorstellung. Für jeden mittelständischen Unternehmer ist klar, daß die Öffnung für neues Eigenkapital von außen eine tiefgreifende Veränderung nicht nur in den Gegebenheiten, sondern vor allem im Bewußtsein mit sich bringt. Der potentielle Fremdeinfluß, auch wenn er begrenzt bleibt, führt zu einer Veränderung der Einstellung zum Unternehmen, erzwingt ein Umdenken, eine Lockerung der Bindung.

Unternehmenskonzeption, Unternehmenspolitik, Führungsauswahl, Führungsstil, oder, um noch Heikleres anzusprechen, Entnahmepolitik - das sind Entscheidungen, so befürchtet wohl mancher mittelständische Unternehmer, die er nach diesem Schritt nicht mehr unabhängig nach seinen eigenen Vorstellungen und Kriterien treffen kann.

Ich kann diese Überlegungen nachempfinden. Aber überschätzt er dabei nicht seine vermeintliche Autonomie, unterschätzt er nicht die Abhängigkeit von der Sachrationalität, in der er auch bereits jetzt steht? Ist das nicht längst eine nostalgische Illusion, daß das Unternehmen noch seine Privatangelegenheit sei?

2. WEGE ZUR BESSEREN EIGENKAPITALAUSSTATTUNG

Von der Psychologie zu den konkreten Wegen und Schritten: Ich will der Vollständigkeit halber mit zwei Ansätzen beginnen, die man gewissermaßen als Vorstufen, als Zwischenetappen auf dem Weg zum öffentlichen Handel ansehen kann.

a) KAPITALBETEILIGUNGSGESELLSCHAFTEN

Da ist zunächst die Kapitalbeteiligungsgesellschaft. Die ASU hat bereits 1965, als sich die Schere in der Ersparnisbildung der Unternehmen und der privaten Haushalte aufzutun begann, ein Modell entwickelt, mit dem Beteiligungskapital, auch das des breiten Publikums, durch Einschaltung von Kapitalbeteiligungsgesellschaften für mittelständische Unternehmen erreichbar gemacht werden sollte.

In das Modell. das mit der Form der stillen Beteiligung keine Beeinträchtigung der unternehmerischen Selbständigkeit bedeutete, wurden hohe Erwartungen gesetzt; in der Folge kam es auch zur Gründung zahlreicher Gesellschaften im Sinne dieser Ausarbeitung. Aus heutiger Sicht muß jedoch gesagt werden, daß dieser Ansatz in der Praxis - mit Ausnahme allenfalls der staatlich geförderten Beteiligungsfinanzierung - nicht das gebracht hat, was man sich von ihm erhofft hatte. Die Gründe lassen sich in dem Satz zusammenfassen, daß offenbar die Angebotsvorstellungen und die Nachfragebereitschaft auseinanderklafften.

b) MITARBEITERKAPITALBETEILIGUNG

Die zweite Vorstufe war und ist die Mitarbeiterkapitalbeteiligung. Auch hier hat die ASU schon in den 70er Jahren Überlegungen angestellt und Modellvarianten entwickelt. Sie waren durchweg - wegen des Problems der steuerlichen Mitunternehmerschaft - auf die typisch stille

Beteiligung abgestellt und strikt gesellschaftsrechtlich verankert, leiteten also die Beteiligung nicht aus dem Arbeitsverhältnis ab.

Denn die einschlägigen Erfahrungen mit dem Betriebsrentengesetz hatten ja schließlich gezeigt, wie sich die Freiwilligkeit von Leistungen aufgrund von Entscheidungen der Arbeitsgerichtsbarkeit verändern kann: Der Effekt des ASU-Modells liegt in der Möglichkeit, mit einem Teil des betrieblich erzielten und im Betrieb verbleibenden Gewinns aus der hohen Besteuerung des Unternehmers oder Unternehmens in die niedrigere des Mitarbeiters auszuweichen. Nach dem Modell ist die Beteiligung verbrieft und handelbar. Die Preisbildung kann an einer "Unternehmensbörse" erfolgen. Zusätzliche Überlegungen gingen dahin, das Modell auch für Dritte, also lokal oder regional interessierte Außenstehende zu öffnen und für den Handel der "Beteiligungsbriefe" auch lokale Banken zu interessieren.

Inzwischen gibt es in mittelständischen Unternehmen eine Vielzahl und Vielfalt von Mitarbeiterkapitalbeteiligungen. Die Modelle - insbesondere die gesellschaftsrechtlich orientierten - funktionieren durchweg auch recht gut. Dennoch hat auch dieser Gedanke nicht den erhofften großen Durchbruch geschafft. Zu den Gründen zählt sicher auch der massive Widerstand seitens der Gewerkschaften, die irritierende vermögenspolitische Diskussion in den 70er Jahren, die ja oft mit ganz anderen politischen Zielsetzungen verknüpft war, und die erst in jüngster Zeit beseitigte Benachteiligung dieser Beteiligungsformen im Rahmen der geltenden Vermögensbildungsgesetze.

c) "GOING PUBLIC"

Damit komme ich zum "Going Public", also dem Gang zur Börse. Bis vor kurzem herrschte noch der Glaubenssatz, "going public" sei allenfalls etwas für die großen Familienunternehmen. Auch Altmeister GUTENBERG unterschied noch säuberlich zwischen emissionsfähigen Aktiengesellschaften und kleinen und mittleren Aktiengesellschaften. Das hat sich geändert. Es ist sicher nicht zuletzt das Verdienst einer Nicht-Bank - Herr ERTL wirkt ja auch an dieser Veranstaltung mit -, den großen Banken wieder in Erinnerung gebracht zu haben, daß das Emissionsgeschäft durchaus ihre Aufmerksamkeit verdient. Auch die Vorstellungen über die zur Emissionsfähigkeit erforderliche Unternehmensgröße haben sich dadurch - und durch den Wettbewerb - deutlich geändert; inzwischen gibt es großbankenbetreute Kleinemissionen um die fünf Mio DM; die BHF-Bank hat 1984 sogar eine Zwei-Millionen-Emission betrieben. Damit entdeckt die Börse auch den mittelständischen Unternehmer. Besser gesagt, sie entdeckt ihn wieder. Denn in der Frühzeit der Industrialisierung war er dort ja eine Selbstverständlichkeit.

III. DER WEG AN DIE BÖRSEN

1. ZULASSUNGSHEMMNISSE

Vor dem Gang an die Börse gibt es Hürden zu überwinden. Selbst wenn sie nicht abschrecken, sind sie doch hemmend.

- STEUERLICHE HEMMNISSE

Das gilt insbesondere dann, wenn vorher noch die Umwandlung von der Personengesellschaft in die Aktiengesellschaft erfolgen muß; hier fallen Kosten an, zum Beispiel Kapitalverkehrs- und Grunderwerbsteuer. Hinzu kommt das besonders hemmende, nach der Körperschaftsteuerreform weiterhin überfällige Problem der vermögensteuerlichen Mehrfachbelastung bei der Kapitalgesellschaft.

Nachdem seit 1984 die Abzugsfähigkeit der Emissionskosten gegeben ist, bleiben im steuerlichen Bereich noch die Stichworte Gesellschaftssteuer, Börsenumsatzsteuer und die volle Abzugsfähigkeit der Aufsichtsratsvergütungen. Es wäre hilfreich, wenn der Gesetzgeber diese Hindernisse für Umwandlung und Emission, die im Einzelfall sehr beachtlich sein können, absenken würde. Die Diskussion darüber wird ja geführt.

- FORMALISMEN DER AKTIENGESELLSCHAFT

Auch danach gibt es noch genügend Faktoren, die bremsend wirken können. Da ist zum Beispiel der höhere Formalismus der Aktiengesellschaft, der Zwang zur Bildung eines Aufsichtsrats mit Mitbestimmung nach dem Betriebsverfassungs- oder Mitbestimmungsgesetz, die strikten Vorschriften für Rechnungslegung, Prüfung und Publizität. Dies mag als hoher Preis erscheinen, relativiert sich aber vielleicht durch den

Hinweis, daß viele dieser Auflagen, etwa im Zuge der EG-Harmonisierung, inzwischen auch bereits die größeren und mittleren GmbH's erreicht haben.

- EMISSIONSKOSTEN

Zu den Hürden gehören auch die Emissionskosten, die nicht nur in der Höhe beachtlich, sondern, wie man hört, mit fünf bis 13 % der Emission eine ganz ungewöhnliche Spanne aufweisen. Hier könnte sicher ein verstärkter Wettbewerb für eine Dämpfung sorgen. Deshalb und weil ich grundsätzlich gegen Monopole bin, scheint mir der Vorschlag der Börsensachverständigenkommission vernünftig, das Bankenmonopol beim Antrag auf Börsenzulassung zu beseitigen.

- EMISSIONSKURS

Und dann ist noch der Emissionskurs festzulegen. Jeder Unternehmer weiß, wie kontrovers man über Bewertungsfragen diskutieren kann. Hier geht es nicht nur um bares Geld, sondern um unterschiedliche Interessen, wobei der Newcomer ausgesprochen unerfahren ist. Die Tatsache, daß manche der Erstemissionen hoch überzeichnet waren, deutet wohl darauf hin, daß die begleitenden Banken ein bißchen zu sehr auf "Nummer Sicher" gehen wollten. Mir scheint die Anregung vernünftig, das Volumen einer Erstemission zunächst einmal begrenzt zu halten, weil danach die Kursentwicklung für die Abgabe weiterer Anteile oder für Kapitalerhöhungen mehr Klarheit bringt.

2. VORTEILE DES "GOING PUBLIC" FÜR FAMILIENUNTERNEHMEN

Aber diesen Hürden, Hemmnissen, Widerständen und Zweifeln, hat man sie einmal überwunden, steht aus meiner Sicht eine ganze Reihe handfester Vorteile gegenüber, die gerade für dynamische, nach vorn ausgerichtete mittelständische Unternehmen höchst attraktiv sein müssen.

- FINANZIERUNGSERLEICHTERUNG

"Going Public" ermöglicht es, durch Verbreiterung der Eigenkapitalbasis Wachstumschancen wahrzunehmen, ohne entscheidende Einbußen an Einfluß hinnehmen zu müssen - also zu expandieren und trotzdem selbständig zu bleiben.

Das Kapital steht unbefristet zur Verfügung, ist also sicherer als bei Personenunternehmen oder GmbH's, wo ein Kapitalabzug nicht völlig ausgeschlossen werden kann.

Gleichzeitig wird ein zusätzliches Finanzierungsinstrumentarium mit der Möglichkeit von Wandelanleihen, Optionsanleihen oder der Ausgabe von Genußscheinen erschlossen; die 50-Mio-Optionsanleihe von HERLITZ zu 3 %, die mühelos untergebracht wurde, ist ein außerordentlich eindrucksvolles Beispiel.

- UNTERNEHMENSFÜHRUNG

In seiner Führung gewinnt das Unternehmen, dank der klaren Aufgabenregelung im Aktiengesetz, an Attraktivität für Fremdmanager. Der Zwang zu objektivierter Unternehmensführung kann im Ergebnis eine verbesserte Managementleistung erbringen; da ist dann aller-dings auch kein Platz mehr für den in erstaunlich vielen Familienunternehmen vorkommenden Onkel, der in der Führung mitgeschleppt wird, obwohl seine eigentlichen Fähigkeiten auf dem Gebiet der Jägerei liegen. Dem Unternehmen kann das nur guttun.

- FAMILIENEINFLUSS

Die Familie kann ihren Einfluß dank des klaren Mehrheitsprinzips in der Aktiengesellschaft im gewünschten Umfang sichern. Die immer wieder angeführte Gefahr der "Überfremdung" kann weitgehend gebannt werden - nicht zuletzt durch die Wahl des Instruments der stimmrechtslosen Vorzugsaktie, wodurch selbst noch 51 % der Stammaktien, also 26 % des Gesamtkapitals, das "Sagen" gewährleisten. Ich halte den Rückgriff auf diese Vorzugsaktie, die von Banken und Börsianern gelegentlich etwas kritisch betrachtet wird, für durchaus legitim; auch die Anleger scheinen nicht den Eindruck zu haben, daß es sich um eine diskriminierte Form der Beteiligung handelt.

- SICHERUNG DER SELBSTÄNDIGKEIT

Der Gang zur Börse ermöglicht es schließlich auch, die Selbständigkeit des Unternehmens zu erhalten und zu sichern. Es ist die wirtschafts- und ordnungspolitisch bessere Alternative als die Anlehnung oder der Verkauf an einen Großen, wozu sich Familienunternehmen häufig dann veranlaßt sehen, wenn familiäre Abfindungen oder Erbgänge Kapitalabflüsse mit sich bringen. In all diesen Fällen kann sich die Familie durch dosierte Abgabe von Anteilen Mittel beschaffen, ohne daß, wie bei der Anlehnung, das Unternehmen in dauerhafte Abhängigkeit gerät, der Finanzbedarf der Familie also mit der Einschränkung oder Preisgabe der Selbständigkeit des Unternehmens bezahlt werden muß.

IV. ERLEICHTERUNG DES ZUGANGS ZUR BÖRSE

Die offenkundigen Vorteile des "Going Public" auch für mittelständische Unternehmen sind damit keineswegs vollständig aufgezeigt. Das wiederbelebte Interesse hat dazu geführt, daß vielerorts nachgedacht und diskutiert wird, wie man diesen Unternehmen den Schritt erleichtern kann, ob und wie Struktur und Instrumentarium der Börse noch weiter zu verbessern wären. Lassen Sie mich einige Punkte dieser Diskussion aus meiner Sicht kurz kommentieren.

- DREI MARKTSEGMENTE

Ich meine, daß wir mit den drei vorhandenen Marktsegmenten - amtlicher Markt, geregelter Freiverkehr, Telefonverkehr - durchaus eine breite und im Prinzip ausreichende Palette zur Verfügung haben. Für einen Parallelmarkt - dies wäre dann der vierte Markt - sehe ich keine Notwendigkeit. Entscheidend ist, auch im Hinblick auf die verschärften EG-Bestimmungen, daß wir eine Marktstruktur haben, bei der es klare Abstufungen in den Anforderungen zwischen den verschiedenen Märkten gibt. Die positiven Erfahrungen, die man in Großbritannien seit 1980 mit der Schaffung eines Unlisted Securities Market gemacht hat, sind beachtlich; praktisch ist damit allerdings dort erst ein zweiter Markt geschaffen worden.

- PROBLEME ZUSÄTZLICHER TITEL

Diskutiert wird neben der Frage der Marktverfassung auch der Gedanke, ob durch den Handel zusätzlicher Titel mittelständischen Unternehmen der Zugang zur Börse erleichtert werden kann. Da ist von der "Publikums-KG", vom Börsenhandel in KG- oder GmbH-Anteilen die Rede. Diese Überlegungen sind sicher interessant, aber ich habe erhebliche Zweifel, ob sie weiterführen.

Unser Gesellschaftsrecht kennt für die einzelnen Rechtsformen ein System abgestufter Gestaltungsfreiheiten bis hin zur weitgehend reglementierten Verfassung der Aktiengesellschaft. Der Lohn dafür ist dort die hohe Fungibilität, die mit hoher Gestaltungsfreiheit nicht in Übereinstimmung zu bringen ist.

Beim Handel von KG- oder GmbH-Anteilen müßte gewissermaßen jedesmal der zugehörige Gesellschaftsvertrag mitgeliefert werden - oder, was mir noch problematischer erscheint, die Gesellschaftsverträge solcher Gesellschaften müßten weitgehend standardisiert oder reglementiert, also in ihrer Gestaltungsfreiheit eingeschränkt werden.

- "KLEINE" AKTIENGESELLSCHAFT

Ein anderes Diskussionsthema ist immer wieder die Wunschvorstellung einer "kleinen" Aktiengesellschaft, für die im Vergleich zur "großen" abgeschwächte Vorschriften und Anforderungen zu gelten hätten. Überlegungen in dieser Richtung, wie sie gelegentlich auch vom Sachverständigenrat und der Bundesbank angestellt worden sind, sind natürlich reizvoll und werden sicher bei vielen Mittelständlern auf Zustimmung stoßen. Es gibt in der Tat vieles, was dafür spricht. In der Bundesrepublik hat man allerdings bisher den Handlungsbedarf, der sich aus den gesellschaftsrechtlichen Harmonisierungsbestrebungen der EG ergibt - also der 4. Richtlinie - nur in eine Richtung interpretiert: Im Sinne des "Hinaufziehens" und der Verschärfung der Vorschriften für die kleine und mittlere GmbH. Aber die nach der EG-Bilanzrichtlinie mögliche "Absenkung" für eine kleinere Aktiengesellschaft ist nicht übernommen worden. Mir scheint, daß hier durchaus wissenschaftlicher und politischer Diskussionsstoff vorhanden ist, ob es nicht Mittelwege gibt, die einerseits die Gefahr einer Komplizierung und Zersplitterung des Aktienrechts begrenzen, andererseits die "Hemmschwelle" gegenüber der Aktiengesellschaft vor allem für mittlere GmbH's und Personengesellschaften absenken können.

- CHANCEN DER GENUSSCHEINE

Wenn ich in der Frage der Erweiterung des Instrumentariums durch zusätzliche Titel generell eher skeptisch bin, dann gilt das allenfalls nicht - dies ist mein letzter Punkt - für den Genußschein. Er ist bei uns erst in letzter Zeit praktisch wiederentdeckt worden. Er ist weitgehend unreglementiert, für Unternehmen aller Rechtsformen - also auch für Einzelkaufleute und Personenunternehmen - einsetzbar und hat eine Fülle von Vorteilen.

Genußscheinkapital ist Eigenkapital; gleichwohl gewährt es keine Mitwirkungs-, sondern nur Gläubigerrechte. Bei richtiger Ausgestaltung werden Genußscheine bei der Einkommen-/Körperschaft- und Vermögensteuer im Unternehmen wie Fremdkapital behandelt; Ausschüttungen sind dann also Betriebsausgaben. All das könnte dieses Instrument also recht attraktiv machen. Genußscheine, auch von Nichtaktiengesellschaften ausgegebene, werden bereits an der Börse gehandelt. Ich meine daher, daß man die hier liegenden Möglichkeiten noch weiter ausloten sollte - so wie es ja auch Professor Dr. ALBACH in seiner Stellungnahme zum Juristentag empfohlen hat.

- NEULAND MIT CHANCEN UND RISIKEN

Ich komme zur Schlußbemerkung, zu einem Resümee. Das Problem ist unübersehbar: Die Eigenkapitalschwäche der Unternehmen. Lösungsansätze sind da, zumindest für die mittleren und größeren Mittelständler. Manche Hemmnisse, die heute noch den Gang zur Börse schwer und teuer machen, lassen sich noch verringern. Die Umwandlung in die Aktiengesellschaft, der Zugang zur Börse sollte erleichtert werden. Aber wichtig ist, daß sich bei mittelständischen Unternehmen insgesamt eine Erkenntnis durchsetzt, die auch von der ASU immer wieder propagiert worden ist: Die Erkenntnis, daß 51 % an einem gesunden, wachsenden Unternehmen mehr unternehmerische Selbständigkeit verleihen als 100 % an einem kranken oder stagnierenden.

Wenn wir in die Schweiz blicken mit ihren mehr als 100.000 Aktiengesellschaften, dann zeigt dieses Beispiel bei aller Verschiedenheit der Länder, daß das Abgeben von Beteiligungsrechten, das Eingehen einer Beteiligung an einem mittelständischen Unternehmen durchaus eine Selbstverständlichkeit sein kann. Ich bin sicher, daß die Entwicklung, die bei uns jetzt in Gang gekommen ist, von einer großen Zahl mittelständischer Unternehmen mit wachsendem Interesse verfolgt wird - ich selbst kann mich auch dazu zählen. Wie immer, wenn es um Neuland geht, gibt es da Risiken. Aber die Chancen, so meine ich, überwiegen.

V. BERICHT ZUR DISKUSSION

(Leitung: Professor Dr. Bernd RUDOLPH, Universität Frankfurt/M.)

Professor Dr. RUDOLPH hob bei der Diskussionseröffnung die klaren und lebendigen Aussagen des Referenten hervor. Dabei verwies er auf die angeführten ökonomischen Begründungen von Neuemissionen aus der Sicht mittelständischer und kapitalsuchender Unternehmen und auf die Ausführungen zur Psychologie und Geschichte des "Going Public". Diese wurden in der nachfolgenden Diskussion über Publizität und Beratung von kapitalsuchenden Unternehmen wieder aufgegriffen. Weiter galt das Interesse der Frage nach Anwendung der Vierten EG-Bilanzierungsrichtlinie auf die börsenorientierte GmbH & Co. KG sowie der Ausgestaltung und Entwicklung von Genußscheinen.

1. PUBLIZITÄT UND BERATUNG

Dr. Gert SCHLAEGER, Geschäftsführer der Deutschen Beteiligungs-Gesellschaft in Frankfurt/M., betonte aus der Sicht einer Kapitalbeteiligungsgesellschaft die mangelnde Publizitätsfreudigkeit kapitalsuchender Unternehmen und deren geringen Wunsch nach Beratung. Er bat den Referenten um eine Stellungnahme, inwieweit kleinere und mittlere Unternehmen überhaupt zur Publizität und zur Beratung bereit seien.

Herr LEICHT gab zu bedenken, daß sich in den vergangenen zehn bis 15 Jahren die "Herr-im-Hause"-Mentalität der Unternehmer stark vermindert habe. Das Bewußtsein, die Firma alleine hundertprozentig richtig leiten zu können, sei nicht mehr vorherrschend, so daß dieses Schlagwort zur allgemeingültigen Kennzeichnung von Unternehmern nicht mehr herangezogen werden könne. Die Dispositionsfreiheit habe vielmehr ganz andere Dimensionen. Die mittlere Generation müsse in den vielschichtigen Alltagsfragen mit Rat und Beratern umzugehen lernen. Dies gelte nicht nur gegenüber technischen Beratern, sondern auch gegenüber Subventions- und Marketingberatern sowie anderen Institutionen.

Die noch vorhandene Zurückhaltung der kleineren Unternehmen vor beratenden Gremien basiert nach Ansicht von Martin LEICHT eher auf emotionaler Ebene als auf rationaler und sei daher schwer in Worte zu fassen. Der Referent habe als Kapitalsuchender in Gesprächen mit Beteiligungsgesellschaften die Erfahrung gemacht, daß es häufig zu einem unbefriedigenden Gesprächsverlauf komme. Er habe selbst bereits das Gefühl gehabt, bei der Beteiligungsgesellschaft läge ein unternehmensfremdes Interesse vor und die Beteiligungsverhandlungen würden wie ein Revisionsgespräch ablaufen. Solche Verständigungsschwierigkeiten würden außerdem durch die starke Identifikation des kapitalsuchenden Unternehmers mit seinem Unternehmen verstärkt. Diese Identifikation beruhe häufig auf der Tradition und Aufbautätigkeit des Unternehmers und steige, wenn er als Firmeneigner das Haftkapital in das Unternehmen eingebracht habe. Das Risiko des Unternehmens gefährde damit die Existenzsicherheit des Inhabers und beraube den Unternehmer jeglicher Freiheit, Fehler zu machen.

Martin LEICHT empfahl, bei wirklichen Risikoentscheidungen nur einen Teil des Eigenkapitals einzusetzen und so das Existenzrisiko zu mindern. Er stellte die These auf, daß selbständige Unternehmer, die das Kapital alleine disponierten und Risikoetnscheidungen ohne eine Kontrollinstanz (z. B. Aufsichtsrat) träfen, wirkliche Risikoinnovationen in einem erheblich höheren Umfang durchführten als Unternehmen mit mehreren Entscheidungsinstanzen. Auf diese Erkenntnis basiere auch sein Engagement zur Erhaltung einer großen Zahl von selbständigen Unternehmen.

2. BILANZIERUNG UND PUBLIZITÄT FÜR GmbH & Co. KG

Ein weiterer Diskussionsbeitrag behandelte die Öffnung der GmbH & Co. KG für den Kapitalmarkt. Dr. Wilhelm HAARMANN von der PEAT, MARWICK, MITCHELL & Co., München, unterstrich die Ausführungen von Martin LEICHT über die Identifikation der Unternehmer mit ihrem Unternehmen und ging dabei speziell auf die Freiheit der Publizitätsentscheidung bei der GmbH & Co. KG ein. Die Publizität der GmbH & Co. KG falle in einen Bereich, in dem einerseits die Identifikation sehr wichtig sei, andererseits werde aber seiner Meinung nach die Möglichkeit der Kapitalisierung durch die große Freiheit der Bilanzierung eingeschränkt. Da die Prüfung und Bilanzierung bei mittelständischen GmbH & Co. KG s frei von standardisierten Schemata durchgeführt würde, schlug er vor, die GmbH & Co. KG's im Hinblick auf einen möglichen Gang an die Börse einer Regelung zu unterwerfen, die der 4. EG-Bilanzierungsrichtlinie entspräche.

Als die EG-Bilanzierungsrichtlinien diskutiert wurden, so Martin LEICHT, habe sich die Arbeitsgemeinschaft Selbständiger Unterneher (ASU) im Rahmen des politischen Kräftespiels in Bonn entscheiend dafür eingesetzt, daß die GmbH & Co. KG als Personengesellschaft den Bilanzierungsrichtlinien n i c h t unterworfen werde. Die GmbH & Co. KG sei in einem ganz erheblichen Maß d i e Rechtsform, in die Personengesellschaften bei Generationswechsel hineintreten. Der ASU sei damals wichtig gewesen, daß die Erhöhung der Publizitätsanforderungen aufgrund der 4. Bilanzierungsrichtlinie nicht auch noch die Personengesellschaften treffe. Innerhalb dieser allgemeinen politischen Zielsetzung galt es für die ASU zu verhindern, daß Deutschland innerhalb Europas dadurch auffiele,' "daß wir die von dort kommenden Verordnungen und Gesetze mit einer preußischen Akribie durchführen, und uns selbst dabei so einschnüren, daß nur die südlichen europäischen Nachbarländer damit leben können."

Der Referent wies weiter darauf hin, daß die ASU seit Jahren im Rahmen von Wettbewerben für freiwillige Publizität Auszeichnungen vergibt und auf ihre Mitglieder dahingehend einwirkt, daß sie mehr publizieren. Im Rahmen von Mitarbeiterkapitalbeteiligungsgesellschaften käme ein höherer Publizitätsgrad automatisch zustande.

3. GENUSSCHEIN ALS FINANZIERUNGSINSTRUMENT

Dr. Jürgen DELBRÜCK, Direktor der DEUTSCHEN BANK in Düsseldorf, problematisierte die Weiterentwicklung der Genußscheine. Während der Lohn für die Bereitschaft der Aktiengesellschaft, die Zahlen offenzulegen und Publizität zu betreiben, die hohe Fungibilität der Aktie sei, habe er Bedenken, ob die Genußscheine eine ebenso hohe Fungibilität erreichen können.

Es gäbe grundsätzlich nicht d e n Genußschein, sondern eine Vielzahl von Genußscheinvarianten. In der Vergangenheit existierten im Genußscheinbereich kaum echte Eigenmittelvarianten. Statt dessen gab es Genußscheine zur besonderen Fruchtziehung aus einem Unternehmen, ohne daß Mittel eingeschossen wurden, und bei den Genußscheinen mit Finanzierungsfunktionen dominierte der Fremdmittelcharakter. Man müsse bei der Variantenvielfalt bedenken, daß jeder Genußscheinanleger gezwungen sei, den Einzelfall sehr genau zu prüfen, was zur Hemmung der Fungibilität dieser Finanzierungstitel führe.

Martin LEICHT erklärte, daß er mit der relativ deutlichen Akzentuierung des Genußscheines in seinem Vortrag einen Fortgang der Gespräche über die Weiterentwicklung des Genußscheines und über die nötige Sicherung des Anlegers intendierte. Sein Ziel sei es, ein Finanzierungsmittel für all die Betriebe zu finden, die nicht börsenfähig seien, aber ebenfalls den Strukturwandel überleben müssen und hierzu Kapitalbedarf haben. Er suche "nach einem intelligenten Vehikel, das es dem Zahnarzt möglich machen kann, sich bei seinem Klempner zu beteiligen".

D. SEGMENTSPEZIFISCHER ANLEGERSCHUTZ FÜR BÖRSENGEHANDELTE TITEL

Professor Dr. Dr. Klaus J. HOPT, Universität Tübingen,
Richter am Oberlandesgericht, Stuttgart

G l i e d e r u n g

D. Segmentspezifischer Anlegerschutz für börsengehandelte Titel

Professor Dr. Dr. Klaus J. HOPT

Meine sehr verehrten Damen und Herren,

mein Thema "Segmentspezifischer Anlegerschutz für börsengehandelte Titel" scheint auf den ersten Blick wie eine Einladung zu einem artigen, akademisch-theoretischen Nachmittagspaziergang durch das deutsche Börsenrecht. Bei näherem Zusehen entpuppt es sich jedoch als Herausforderung zur Standortbestimmung und Stellungnahme in einer zentralen, öffentlichen und nicht ohne Heftigkeit geführten Diskussion. "Risikokapital an die Börse" braust da ein Ruf wie Donnerhall, "weg mit Sozialfürsorge und 'Vollkasko-Mentalität' im deutschen Anlegerschutz!" Die Gegenseite artikuliert nicht weniger pointiert: "Die Börse ist kein Ersatz für das Bauherrenmodell". Erwarten Sie von mir bitte keine lautstarke Parteinahme zugunsten der einen oder anderen Seite. Ich sehe meine Aufgabe in einer nüchternen, objektiven Analyse der deutschen Probleme vor dem Hintergrund ausländischer und internationaler Erfahrungen.

I. EIGENKAPITALKNAPPHEIT UND KRISE DER AKTIENGESELLSCHAFT: DER INTERNATIONALE BEFUND

Die Forderung nach Ausdifferenzierung verschiedener Wertpapiermarktsegmente mit unterschiedlichem Anlegerschutz ist Kind der Sorge um die Eigenkapitalausstattung der deutschen Unternehmen. Die Diskussion darüber, mit welchen Maßnahmen die Eigenkapitalknappheit langfristig zu bessern wäre, ist umfassend geführt worden. Zuletzt hat sich der 55. Deutsche Juristentag im September 1984 in Hamburg mit diesem Thema befaßt und deutliche Beschlüsse dazu vorgelegt.

Die allgemeine Eigenkapitalknappheit deutscher Unternehmen geht einher mit einer besonderen "Krise der Aktiengesellschaft". Von den Ende 1982 insgesamt über 2 Mio Unternehmen in der Bundesrepublik waren nur 2.000 Aktiengesellschaften. Von diesen war wiederum nur knapp ein Viertel (450 Unternehmen) im Amtlichen Handel oder im Geregelten Freiverkehr an der Börse notiert. Die Krise der Aktiengesellschaft in Deutschland hat eine Vielzahl von Gründen, von tatsächlich-wirtschaftlichen wie Renditeschwäche, Staatsverschuldung und Anlegerschaft bis hin zu institutionell-rechtlichen Gründen, vor allem steuerrechtliche Diskriminierung von Eigenkapital und aktienrechtliche Überlast an Publizitätsnormen, Anleger- und Gläubigerschutz und quasi-paritätische Mitbestimmung, die letzteren jedenfalls verglichen mit den Anforderungen an andere Rechtsformen als die Aktiengesellschaft, namentlich die GmbH und die GmbH & Co. KG.

"Mehr Unternehmen an die Börse" - vor allem auch mittlere und kleinere, deren besondere Bedeutung für Wirtschaft, Arbeitsplätze und Innovation gerade in jüngerer Zeit verstärkte Anerkennung gefunden hat - erscheint angesichts dieses Befundes eine richtige Politik. Denn die Zahl der Börsenneulinge seit Anfang 1983 ist zumal im Vergleich mit den wichtigeren Neuemissionen vor 1983 zwar gewiß erfreulich, aber nicht mehr als ein Beginn und angesichts einiger weniger, aber spektakulärer Flops vielleicht noch nicht einmal eine dauerhafte Trendwende. Maßnahmen zur Umsetzung dieser Politik sind in jüngster Zeit von verschiedener Seite vorgeschlagen worden, unter anderem von der Börsensachverständigenkommission, vom Sachverständigenrat, von der Deutschen Bundesbank, vom Deutschen Juristentag und anderen. Wenn es richtig ist, daß ein zu formalisierter und weit getriebener Anlegerschutz hier ein Hemmnis darstellt, muß darüber nachgedacht werden, ob nicht der Anlegerschutz nach Intensität und Art marktsegmentspezifisch differenziert werden kann und muß. Denn richtig verstandener Anlegerschutz hat neben der Individualschutzseite eine gleichberechtigte Funktionenschutzkomponente, die eine Maximierung des ersteren auf Kosten des letzteren ausschließt.

Segmentspezifischer Anlegerschutz heißt zwar ein Weniger an normativen Anforderungen für Nebenbörsen, aber nicht zugleich notwendigerweise ein Weniger an Anlegernutzen insgesamt. Zu einem Zielkonflikt zwischen Anlegerschutz und anderen mit einer verbesserten Eigenkapitalausstattung verbundenen Zielen muß es also nicht notwendigerweise kommen.

II. NEBENBÖRSEN UND ANLEGERSCHUTZ: ERFAHRUNGEN AUS GROSSBRITANNIEN UND ANDEREN NACHBARSTAATEN

Vorreiter war im November 1980 Großbritannien mit einem Unlisted Securities Market. Dieses Marktsegment befindet sich zwischen dem "full listing" market der London Stock Exchange und dem Markt für gelegentliche Transaktionen nach Rule 163 (2) der Börsenordnung. Außerhalb der London Stock Exchange liegen der freie Over-the-Counter Market bzw. zwei freie Marktsegmente, der Nightingale Market (genannt nach einer auf Privatplazierungen spezialisierten Firma) und der normale Broker-Dealer-Handel.

Der hier in erster Linie interessierende Unlisted Securities Market, ein geregelter Markt der London Stock Exchange, wurde ohne neue gesetzliche Grundlage durch die London Stock Exchange im Rahmen von Rule 163 (2) der Börsenordnung geschaffen, um kleineren Unternehmen den Zugang zur Börse zu erleichtern. Der Unlisted Securities Market verzichtet auf drei beschwerliche Anforderungen des full listing market:

(1) Dort müssen Gesellschaften mit ihren Aktien fünf Jahre am Markt sein, hier genügen drei Jahre, ausnahmsweise sogar eine kürzere kürzere Zeit, unter bestimmten Voraussetzungen ist sogar eine Gründungsemission möglich.

(2) Der full listing market verlangt, daß mindestens 25 % des Aktienkapitals dem Markt angeboten werden; auf dem Unlisted Securities Market genügen 10 %.

(3) Vor allem aber brauchen die Unternehmen hier nur eine erheblich vereinfachte Publizitätsregelung zu beachten. Es genügt ein Kurzprospekt ohne Prüfungsbericht und Rechtsgutachten. Der Prospekt braucht nicht in vollem Umfang in einer führenden Tageszeitung abgedruckt zu werden, sondern es genügt ein kurzer Werbehinweis, der im übrigen klarstellt, wo der Prospekt erhältlich ist. Die Einsparungen aufgrund des Verzichts auf volle Prospektveröffentlichung werden auf rund 25 % beziffert. Die Erfolge dieses neuen Marktsegments sind bemerkenswert. Innerhalb von 2 1/2 Jahren brachte er für 156 Gesellschaften Kapital von 180 Mio Pfund auf. Vertreten sind dabei vor allem

Unternehmen aus der Ölindustrie, Elektronik und "High Technology".

Ähnliche, wenngleich etwas kürzere Erfahrungen mit Nebenbörsen ließen sich aus den Niederlanden (1982), Dänemark (1982) und Frankreich (1983) berichten. Die flexiblere Zulassung, verbunden mit einem segmentspezifischen Anlegerschutz, führte zu Kostenvorteilen und zog neues Kapital an die (Neben-)Börse.

III. ZUR DIFFERENZIERUNG VERSCHIEDENER WERTPAPIERMARKTSEGMENTE

Diese durchweg positiven Erfahrungen in unseren Nachbarstaaten legen nahe, daß die Bundesrepublik mit ihren größeren Nöten in Eigenkapitalausstattung und Aktienwesen in ähnliche Richtung gehen sollte. Dabei stellt sich als erstes die Frage, ob nicht die bisherigen Wertpapiermarktsegmente - amtlicher Börsenhandel, geregelter Freiverkehr und ungeregelter Freiverkehr bzw. Telefonhandel - hinreichende Differenzierungsmöglichkeiten bieten.

Bekanntlich hat sich zwischen dem im Börsengesetz detailliert geregelten amtlichen Börsenhandel und dem rein privaten, vom Börsengesetz nicht erfaßten Telefonhandel unter Banken und freien Maklern der geregelte Freiverkehr an der Börse entwickelt. Dieser findet während der Börsenzeit und im Börsensaal statt. Er ist ein Freiverkehr, weil er ohne amtliche Zulassung und Notierung praktiziert wird und börsengesetzlich nicht geregelt ist. Andererseits ist er doch ein geregelter Verkehr, der von Börsen und Banken in vielem ähnlich wie der amtliche Börsenhandel ausgestaltet ist. So besteht ein dem amtlichen Zulassungsverfahren ähnliches Einbeziehungsverfahren vor den Freiverkehrsausschüssen der verschiedenen Wertpapierbörsen.

So gesehen bieten sich zwei Marschrouten zu einer Nebenbörse bzw. zu einem geregelten Parallelmarkt wie im Ausland. Entweder wäre an dem vorhandenen Marktsegment des geregelten Freiverkehrs anzuknüpfen und dieses gezielt institutionell-rechtlich so auszubauen, daß mehr Unternehmen den Weg zu dieser Nebenbörse finden. Oder es könnte zwischen dem amtlichen Börsenhandel und dem Frei- und Telefonverkehr ein weiteres Marktsegment von dann insgesamt vieren geschaffen werden. Beides wird in der Diskussion vertreten. Die Börsensachverständigenkommission hat sich für die letztere Marschroute ausgesprochen, die Banken plädieren eher für die erstere.

Das Argument der Börsensachverständigenkommission, im Interesse der Anleger dürfe der neue Parallelmarkt anders als der geregelte Freihandel nicht außerhalb der Börse verbleiben, sondern müsse der amtlichen Zulassung, Notierung und Aufsicht unterstehen, ist nicht zwingend. Schon heute sind, wie gezeigt, die Schutzmechanismen im geregelten Freiverkehr funktional im großen und ganzen gleichwertig wie im amtlichen Börsenhandel, jedenfalls wenn man die von beiden Marktsegmenten zu erfüllenden unterschiedlichen Funktionen beachtet. Größere Schwierigkeiten im geregelten Freiverkehr über das Fallieren einzelner Werte hinaus sind dann auch nicht bekannt geworden. Legt man auf eine bessere Verankerung des geregelten Freiverkehrs und des dort geübten Anlegerschutzes Wert, ließe sich dem unschwer bei der bevorstehenden Börsenrechtsreform Rechnung tragen.

IV. ANLEGERSCHUTZ AM "GEREGELTEN MARKT" (NEBENBÖRSE) FÜR AKTIEN

Wenn im folgenden das Hauptaugenmerk auf dem zweiten Wertpapiermarktsegment liegt, ist vorausgesetzt, daß der "geregelte Markt" als gerade kein amtlicher Markt im Sinne der EG-Börsenrechtsrichtlinien national frei gestaltet werden kann. Das heißt, daß ein segmentspezifischer Anlegerschutz am "geregelten Markt" rechtlich zulässig ist. Daß dieser Anlegerschutz am "geregelten Markt" trotzdem nicht zweitklassig sein darf, liegt auf der Hand. Ein angemessenes Maß an Anlegerschutz schafft das Vertrauen der Anleger, das für die Akzeptanz dieses Marktes unerläßlich ist.

1 ZULASSUNGSANFORDERUNGEN AN UNTERNEHMEN UND AKTIEN

Legt man die Funktionsbeschreibung für den "geregelten Markt" - gut eingeführte, jüngere und kleinere Unternehmen - zugrunde, dann lassen sich die Zulassungsanforderungen an Unternehmen unter Berücksichtigung der oben geschilderten ausländischen Erfahrungen wie folgt umreißen. Zunächst ist im Regelfall nur ein gut eingeführtes Unternehmen am "geregelten Markt" willkommen. Das bedeutet, daß sich das Unternehmen grundsätzlich schon eine gewisse Zeit am Markt allgemein bewährt haben muß. Die im amtlichen Börsenhandel verlangte Frist von vier bis fünf Jahren ist dafür zu lang. Richtig erscheint eine Reduzierung auf drei Jahre wie in Großbritannien und in den Niederlanden. Damit mag man die französische Zulassungsanforderung der Vorlage von mindestens zwei geprüften Jahresabschlüssen verbinden, wie das die Börsensachverständigenkommission tut. Ausnahmsweise sollte die Zulassungsstelle eine kürzere Zeit ausreichen lassen können.

Bei den Zulassungsanforderungen an die Aktien, die dem "geregelten Markt" zugeführt werden, sind Vorschriften, die den bisherigen Inhabern des Unternehmens zu weitgehend das Heft aus der Hand zu nehmen drohen, tunlichst zu vermeiden, es sei denn, sie sind zum Anlegerschutz unbedingt erforderlich, letzteres insbesondere insoweit, als ein hinreichendes Material am Markt sein muß, um überhaupt eine geregelte Preisfestsetzung zu ermöglichen. Es sollte deshalb zwar keine Einführungspflicht für das gesamte Kapital und insbesondere auch für alle zukünftigen Kapitalerhöhungen, wie nach EG-Recht vorgesehen, statuiert werden. Jedoch ist eine gewisse Mindeststreuung der Aktien unerläßlich. Die in den meisten Ländern vorgeschriebene 10 %-Grenze nach unten (z. B. statt 25 % wie im amtlichen Börsenhandel) erscheint sinnvoll. Eine absolute Mindestanforderung an das an den "geregelten Markt" herangeführte Nennkapital, etwa 1 oder auch 2 Mio DM, oder an die Zahl der Aktionäre, z. B. 200, wäre demgegenüber eher zu rigide. Die Zulassungsstelle mag Nennkapitalanteil und Aktionärszahl im Rahmen ihrer Zulassungsprüfung, bei der sie sich ein Gesamtbild der Emission machen muß, mitberücksichtigen. Mehr ist nicht veranlaßt.

2. PROSPEKT- UND LAUFENDE PUBLIZITÄT

Alle erwähnten ausländischen Rechtsordnungen und die meisten inländischen Stellungnahmen stimmen darin überein, daß für die Zulassung zum "geregelten Markt" nicht die volle Publizität wie für den amtlichen Börsenhandel verlangt werden kann. Das ist im Ansatz richtig. Publizität zum Schutze der Anleger ist kein in Inhalt und Reichweite festliegendes Postulat, sondern muß sich den Adressaten, Märkten und Gegebenheiten anpassen. Verminderte Publizität bedeutet nicht notwendigerweise verminderten Anlegerschutz, wie umgekehrt eine überzogene Publizität - man denke an manche amerikanische Prospekte mit vielen Hunderten von Seiten - unter Umständen sogar kontraproduktiv sein kann.

Ein Prospekt sollte allerdings anders als in Frankreich grundsätzlich verlangt werden, jedenfalls bei Unternehmen, die nicht bereits seit längerem der vollen laufenden aktienrechtlichen Publizität unterliegen.

Über den Inhalt des Prospektes ist hier nicht näher zu sprechen. Die von der Börsensachverständigenkommission aufgestellte Liste dürfte die wesentlichen Angaben erfassen. Dieser Prospekt, der deutlich kürzer als der normale Börsenprospekt ausfällt und nicht schematisiert werden sollte, wird in Großbritannien ohne Prüfungsberichte und Rechtsgutachten vorgelegt. Das spart, wie insbesondere auch amerikanische Erfahrungen zeigen, erhebliche, für mittlere und kleinere Unternehmen einschneidende Kosten und erscheint jedenfalls dann vertretbar, wenn von der Zulassungsstelle und einem am Markt für die Emission verantwortlichen Kreditinstitut entsprechende Prüfungen vorgenommen werden.

Auf die weitgehenden Anforderungen an die Prospektveröffentlichungen im amtlichen Börsenhandel, insbesondere die teuren Zeitungsabdrucke, sollte, wie im Ausland allgemein anerkannt, weitgehend verzichtet werden. Entscheidend ist, daß der Anleger die Prospekte tatsächlich erhalten kann und daß er erfährt, wo sie erhältlich sind. Was die laufende Publizität angeht, kann es bei der allgemeinen aktienrechtlichen Publizität verbleiben.

In den deutschen Stellungnahmen zur Prospektpublizität am "geregelten Markt" wird meist für einen Verzicht auf die obligatorische Prospekthaftung der Emissionsbanken bzw. -makler plädiert, so die Börsensachverständigenkommission, der Kronberger Kreis und verschiedene Autoren. Dies überzeugt nicht. Es ist schon verfehlt, die traditionelle Vorsicht der Kreditinstitute bei der Heranführung junger Unternehmen an die Börse auf die börsenrechtliche Prospekthaftung zurückzuführen. Den Kreditinstituten geht es, wie auch der Befund in Großbritannien und in anderen Ländern nahelegt, um ihren Emissionskredit und ihre Reputation, die schon durch einen Flop der Emission und nicht erst durch einen Börsenhaftungsprozeß belastet werden, ganz abgesehen davon, daß bis zu den BuM-Urteilen des Bundesgerichtshofes 1982 die börsenrechtliche Prospekthaftung anerkanntermaßen auf dem Papier stand.

Auch die Begründung des Kronberger Kreises geht fehl, die Aktien würden ohnehin bereits vor der Börsenzulassung plaziert, wodurch die Prospekthaftung privatrechtlich wirkungslos werde, denn diese früher tatsächlich weit verbreitete Praxis ist seit längerem zurückgedrängt worden. Entscheidend ist, daß, wie auch die Börsensachverständigenkommission selbst festhält, die Antragstellung durch ein Kreditinstitut wichtige Vorteile für eine Emission hat, setzt dann die Bank doch ihr Standing, ihre Plazierungskraft und später ihre Kurspflege für den Erfolg der Emission ein. Damit erweckt die Bank aber bei der Anlegerschaft ein Vertrauen, für das sie rechtlich einstehen muß. Im übrigen wäre die Beseitigung der börsenrechtlichen Prospekthaftung auch durchaus unbehelflich. Denn die Rechtsprechung hat längst eine erheblich schärfere zivilrechtliche Prospekthaftung entwickelt, der die Bank nicht entgehen würde.

3. ZULASSUNG, NOTIERUNG, AUFSICHT

Die Zulassungsstelle trifft den Zulassungsbeschluß aufgrund einer Gesamtbeurteilung der ins Auge gefaßten Emission. Sie ist dabei ähnlich in die Pflicht genommen wie die Zulassungsstelle beim amtlichen Börsenhandel nach § 36 III BörsG. Welche Kriterien für die Beurteilung der Börsenreife (bzw. Reife für die Zulassung zum "geregelten Markt") des Unternehmens anzulegen sind, ist nicht einheitlich zu beantworten. In Bankkreisen ist teilweise die Rede von 30 Mio DM Umsatz, 15 Mio DM Bilanzsumme, 4 Mio DM Eigenkapital und einem Jahresüberschuß nach Steuern von DM 400.000, um von einem "Börsenkandidaten" aus der Industrie sprechen zu können.

Die Ausgestaltung des Handels in den Titeln am "geregelten Markt" sollte weitgehend den Marktkräften überlassen werden. Zur Notierung muß die Möglichkeit bestehen, statt börsentäglich eine Notierung in bestimmten Abständen, z. B. wie in Dänemark einmal wöchentlich, vorzusehen. Eine einzige Preisfeststellung wäre variablen Preisfeststellungen vorzuziehen. Die Angabe nur von Preisspannen sollte möglich sein. Die Zulassungsstelle sollte nach Bedarf für die Preisfeststellung Makler bestimmen. Die festgestellten Preise wären zu veröffentlichen.

Der Möglichkeit, auf Liquiditätsverträge wie in Frankreich hinzuwirken. wäre auch in Deutschland nachzugehen.

4 KOSTEN

Ein ganz entscheidendes Hemmnis für viele kleinere und mittlere Unternehmen sind die mit dem Gang zur Börse verbundenen hohen Kosten. Sie belaufen sich je nach Emissionsvolumen auf 6 bis 13 % des Emissionsbetrages. Bei Durchführung der genannten Reformen lassen sich beträchtliche Einsparungen erzielen. Die ausländischen Erfahrungsberichte sprechen von Einsparungen in der Größenordnung von 25 bis 50 %, deutsche Experten halten allein bei den direkten Kosten gegenüber dem amtlichen Börsenhandel eine Einsparung von mindestens 30 % für realistisch.

V. VERBREITERUNG DER PALETTE DER GEHANDELTEN PAPIERE IM LICHTE DES ANLEGERSCHUTZES

In Frage kommen:

(1) Besondere Aktienformen und ähnliche Papiere. Das sind in erster Linie die Vorzugsaktie, ferner die Aktie der Kommanditgesellschaft auf Aktien sowie Wandel- und Optionsanleihen.

(2) Genußscheine.
Über ihre Zulässigkeit ist auf dem 55. Deutschen Juristentag in Hamburg unter besorgter Teilnahme der Öffentlichkeit, insbesonall derer, die Genußscheine ausgegeben haben, kontrovers diskutiert worden. Der glatt verneinenden Meinung von REUTER stand eine - überzeugende - Mehrzahl im einzelnen allerdings durchaus unterschiedlich akzentuierter Meinungen gegenüber.

(3) Beteiligungstitel einer Kapitalsammelstelle.
Diese haben bisher in der Bundesrepublik aus Gründen, die der Veranstalter dieses Symposiums monographisch niedergelegt hat, keine große Rolle gespielt. Bei entsprechenden gesetzlichen und institutionellen Änderungen ergeben sich hier aber interessante Perspektiven.

(4) GmbH- und KG-Anteile.
Nach geltendem Recht ist ein Börsen- oder börsenähnlicher Handel in ihnen ausgeschlossen. Aber auch wenn die notwendigen Hindernisse des geltenden GmbH- und vor allem Personengesellschaftsrechts vom Reformgesetzgeber angegangen würden, blieben erhebliche Schwierigkeiten und Bedenken. Ich könnte mir vorstellen, daß sie bei der GmbH letztlich nicht unüberwindbar sind. Den entscheidenden Anlegerschutz scheint mir insoweit die weitgehende Publizität zu liefern, der die GmbH durch die bevorbevorstehende Umsetzung der 4. EG-Richtlinie unterworfen werden wird. Für KG-Anteile sehe ich gleiches nicht.

Insgesamt halte ich dafür, daß die Schlacht weniger mit Novitäten am Wertpapiermarkt als mit anderen Mitteln zu gewinnen sein wird. Die Aktie ist und bleibt d a s Instrument zur Eigenkapitalbeschaffung. Das gilt in besonderem Maße für die stimmbehaftete Inhaberstammaktie.

VI. NOTWENDIGKEIT UND GRENZEN GESETZGEBERISCHER MASSNAHMEN

Hierzu ist in aller Kürze dreierlei festzuhalten:

Erstens sollte nicht nur und von vornherein auf den Gesetzgeber gestarrt werden. Die ausländischen Erfahrungen zeigen, daß es zahlreiche wichtige Reformmöglichkeiten ohne Reformgesetze gibt. In Großbritannien ist der gesamte Unlisted Securities Market auf der Grundlage eines Beschlusses der London Stock Exchange ins Leben gerufen worden.

Zweitens besteht bei der ohnehin bevorstehenden und angesichts der überfälligen Umsetzung des EG-Börsenrechts in nationales Recht unvermeidlichen Börsenrechtsnovelle Gelegenheit, die wirklich notwendigen gesetzlichen Maßnahmen zu treffen.

Drittens sollte man sich keinen Illusionen darüber hingeben, daß die Probleme mit bloßen Börsenrechtsreformen zu lösen sind. Wichtiger sind die institutionellen und bewußtseinsmäßigen Rahmenbedingungen. Zu den ersteren gehören vor allem das Steuerrecht, das Eigenkapital nach wie vor diskriminiert. Zu den letzteren gehören eine Vielzahl eingesessener Anschauungen und Vorurteile bei allen Beteiligten, die den Gang zur Börse nicht eben leicht machen.

VII. THESEN

1. THESE:

Die Eigenkapitalknappheit der deutschen Unternehmen ist absolut und im internationalen Vergleich besorgniserregend. Sie geht einher mit einer besonderen deutschen "Krise der Aktiengesellschaft".

2. THESE:

Erfahrungen aus Großbritannien (1980), Frankreich (1983), den Niederlanden und Dänemark (je 1982) zeigen, daß die Einrichtung von Parallelmärkten bzw. Nebenbörsen geeignet ist, mehr Unternehmen und mehr Risikokapital an die Börse zu bringen und so die Eigenkapitalversorgung der Wirtschaft deutlich zu verbessern. Der Anlegerschutz ist je nach Wertpapiermarktsegment unterschiedlich ausgestaltet, braucht aber insgesamt nicht zu kurz zu kommen.

3. THESE:

Auch in der Bundesrepublik sollte ein ähnlicher Weg eingeschlagen werden. Ein viertes Wertpapiermarktsegment zusätzlich zu den bisherigen dreien (amtlicher Börsenhandel, geregelter Freiverkehr und Telefonhandel) erscheint nicht nötig. Vielmehr kann der geregelte Freiverkehr an den Börsen ("geregelter Markt") weiter entwickelt werden.

4. THESE:

Der Anlegerschutz am "geregelten Markt" für Aktien ist weniger formalisiert und segmentspezifisch anders als der im amtlichen Börsenhandel.

(a)
Bei den Zulassungsanforderungen sind Erleichterungen dahingehend zu empfehlen, daß das auf Zulassung antragende Unternehmen nur drei Jahre erfolgreich tätig gewesen sein muß und nur zwei geprüfte Jahresabschlüsse vorzulegen braucht. Mindestens 10 % des Aktienkapitals müssen dem Publikum angeboten werden.

(b)
Die Prospektpublizität und die laufende Publizität sind sachgerecht zu reduzieren. Auf einen Prospekt überhaupt kann nicht verzichtet werden. Verzichtbar sind dagegen angesichts der Prüfung der Zulassungsstelle die Prospektprüfung durch besondere Prüfer und die Prospektveröffentlichung in Tageszeitungen. Der Prospekt muß vom Anleger abgerufen werden können. Der verschiedentlich gemachte Vorschlag, die Börsenprospekthaftung der Emissionsbanken bzw. -makler abzuschaffen, ist sachlich verfehlt und im Ergebnis unbehelflich.

(c)
Die Beurteilungskriterien für die Zulassung sollten nicht formalisiert werden. Die Notierung kann einmal wöchentlich erfolgen. Der flexiblen Zulassung entspricht eine flexibel gehandhabte laufende Aufsicht.

(d)
Bei sachgerechter Ausgestaltung des "geregelten Marktes" sind im Vergleich zum Amtlichen Börsenhandel erhebliche Kostenersparnisse realistisch. Sie werden teilweise auf mindestens 30 % geschätzt. Ausländische Stellungnahmen sprechen von Einsparungsmöglichkeiten in der Größenordnung von 25 bis 50 %.

5 THESE:

Die Verbreiterung der Palette der gehandelten Papiere im Lichte des Anlegerschutzes ist wichtig. In Frage kommen besondere Aktienformen (namentlich die Vorzugsaktie), Genußscheine, Beteiligungstitel einer Kapitalsammelstelle und GmbH- und KG-Anteile. Die Zulässigkeit von Genußscheinen ist umstritten, aber bei entsprechender Ausgestaltung zu bejahen. Der Handel in GmbH- und KG-Anteilen ist nach geltendem Recht ausgeschlossen. Am wichtigsten ist jedoch die stimmbehaftete Inhaberstammaktie. Die Aktie ist und bleibt d a s Instrument zur Eigenkapitalbeschaffung.

6. THESE:

Die vorgeschlagenen Reformen sind zu einem erheblichen Teil ohne gesetzgeberische Maßnahmen möglich. Soweit solche Maßnahmen wirklich notwendig sind, sollten sie bei der bevorstehenden Börsenrechtsnovelle getroffen werden. Über diese dürfen aber die institutionellen und bewußtseinsmäßigen Rahmenbedingungen nicht übersehen werden, die zu verändern nicht von heute auf morgen möglich ist.

VIII. LITERATUR

ADEL, Mathijs van den, Der "Parallelmarkt" der Amsterdamer Wertpapierbörse, in: Zeitschrift für das gesamte Kreditwesen, 35. Jg., 1982, S. 882-884

ALBACH, Horst, Kapitalausstattung und Entwicklung der Wirtschaft, Bonn, Juli 1982

ALBACH, Horst, Zur Versorgung der deutschen Wirtschaft mit Risikokapital, Bonn, November 1983

BAUMBACH-DUDEN-HOPT, Handelsgesetzbuch, 26. Aufl., München 1985, Anhang nach § 177a (GmbH & Co., Publikumsgesellschaft, Prospekthaftung); § 347 (Rat, Auskunft, Aufklärung, Zeugnis, Prospekt: Haftungsgründe, Dritthaftung, Verhaltenspflichten, Haftungsfolgen); § 14 Börsengesetz

BRUNS, Georg/HÄUSER, Karl (Hrsg.), Der nichtorganisierte Kapitalmarkt, Frankfurt/M. 1983

CHRISTIANS, F. Wilhelm, Die Eigenkapitalknappheit in der Wirtschaft, in: Zeitschrift für das gesamte Kreditwesen, 36. Jg.,1983, S. 1077-1080

CLAUSSEN, Carsten P., Der Neue Zweite Markt. Über die Notwendigkeit und Gestaltungsmöglichkeiten eines neuen Wertpapiermarktes, in: Zeitschrift für Unternehmens- und Gesellschaftsrecht, 1984, S. 1-22

COMMISSION OF THE EUROPEAN COMMUNITIES, Special stock market segments for small company shares: Capital raising mechanism and exit route for investors in new technology-based firms, H. SCHMIDT et al., EUR 9235, Luxembourg 1984

FRITSCH, Ulrich, Mehr Unternehmen an die Börse, Köln 1978

FRITSCH, Ulrich, Die Eigenkapitallücke in der Bundesrepublik, Köln 1981

FRITSCH, Ulrich, Aktienförderung international, Köln 1983

GUYON, Yves, Die neuere Entwicklung des französischen Gesellschaftsrechts, in: Zeitschrift für Unternehmens- und Gesellschaftsrecht, 1985, S. 74-101

HANSEN, Herbert, Hessens Wirtschaftsminister zum Freiverkehr. Die Aktiengesellschaft, in: AG-Report, 12/1984, S. 284-285

HERLITZ, Peter, Der Gang an die Börse, in: Zeitschrift für das gesamte Kreditwesen, 35. Jg., 1982, S. 172-175

HOPT, Klaus J., Der Kapitalanlegerschutz im Recht der Banken. Gesellschafts-, bank- und börsenrechtliche Anforderungen an das Beratungs- und Verwaltungsverhalten der Kreditinstitute, München 1975

HOPT, Klaus J., Inwieweit empfiehlt sich eine allgemeine gesetzliche Regelung des Anlegerschutzes? Gutachten G zum 51. Deutschen Juristentag, München 1976

KLAGES, Joachim, Die Richtlinie der EG über den Börsenzulassungsprospekt, Baden-Baden 1981

KOCH, Ulrich, Maßnahmen zur Verbesserung der Eigenkapitalausstattung der Unternehmen, in: Zeitschrift für Rechtspolitik, 1984, S. 233-239

KÜBLER, Friedrich, Unternehmensstruktur und Kapitalmarktfunktion - Überlegungen zur Krise der Aktiengesellschaft, in: Die Aktiengesellschaft, 1981, S. 5-13

LAMBSDORFF, Otto Graf, Die Bedeutung der Aktie als Finanzierungsinstrument für die Wirtschaft, in: Zeitschrift für Unternehmens- und Gesellschaftsrecht, 1981, S. 1-16

MEYER-CORDING, Ulrich, Belebung des Kapitalmarktes durch neue Möglichkeiten der Zertifizierung, in: Betriebs-Berater, 1982, S. 896-899

MÜLLER-STAHL, Ingo, Der geregelte Freiverkehr, Diss. Köln 1971

PELTZER, Martin, Der Gang des kapitalmarktreifen (Familien-)Unternehmens an die Börse, in: Zeitschrift für Wirtschafts- und Bankrecht, WM-Sonderbeilage, 7/1984

PÜTZ, Paul/WILLGERODT, Hans, Gleiches Recht für Beteiligungskapital. Vorschläge zur Reform von Unternehmensrecht und Kapitalmarkt, Baden-Baden 1985

REUL, Jürgen, Erfahrungen mit gesellschafts- und kapitalmarktrechtlichen Maßnahmen zur Verbesserung der Eigenkapitalausstattung der Unternehmen in Frankreich, in: Zeitschrift für Unternehmens- und Gesellschaftsrecht (im Druck)

REUTER, Dieter, Welche Maßnahmen empfehlen sich, insbesondere im Gesellschafts- und Kapitalmarktrecht, um die Eigenkapitalausstattung der Unternehmen langfristig zu verbessern? Gutachten B zum 55. Deutschen Juristentag, München 1984

RÖLLER, Wolfgang, Eine Lanze für den geregelten Freiverkehr, Handelsblatt Nr. 77, 17. April 1984 S. 8

SCHMIDT, Hartmut, Mehr Unternehmen an die Börse durch differenzierte Marktorganisation - Neue Börsenmärkte in Kopenhagen und London - in: Hanseatische Wertpapierbörse in Hamburg, Jahresbericht 1981, Hamburg 1982, S. 4-17

SCHMIDT, Karsten, Die Eigenkapitalausstattung der Unternehmen als rechtspolitisches Problem, Juristen-Zeitung, 1984, S. 771-786

SCHÜRMANN, Walter, Familienunternehmen und Börse, Wiesbaden 1980

SCHWARK, Eberhard, Börsengesetz, München 1976

SCHWARK, Eberhard, Anlegerschutz durch Wirtschaftsrecht, München 1979

SEIPP, Walter, Ein Zweitmarkt könnte den Zugang zur Börse erleichtern, in: Handelsblatt Nr. 251, 30./31. Dezember 1983, S. 13

VOLLMER, Lothar, Der Genußschein - ein Instrument für mittelständische Unternehmen zur Eigenkapitalbeschaffung an der Börse, in: Zeitschrift für Unternehmens- und Gesellschaftsrecht, 1983, S. 445-475

VOLLMER, Lothar, Eigenkapitalbeschaffung für die GmbH durch Bör-senzugang, in: GmbH-Rundschau, 1984, S. 329-339

WALTER, Herbert, Der Gang an die Börse, in: Die Bank, 9/1984, S. 400-411

WEBER, Ahrend, 55. Deutscher Juristentag: Verbesserungen der Eigenkapitalausstattung, in: Die Bank, 9/1984, S. 422-430

ZIEBE, Jürgen, Der Genußschein als kapitalmarktpolitisches Instrument zur Verbesserung der Eigenkapitalausstattung von Unternehmen, in: Betriebs-Berater, 1984, S. 2210-2214

IX. BERICHT ZUR DISKUSSION
(Leitung: Professor Dr. Hartmut SCHMIDT, Universität Hamburg)

Der Diskussionsleiter, Professor SCHMIDT, stellte zuerst die große Bedeutung der wissenschaftlichen Arbeit von Professor HOPT für rechtsgestaltende Maßnahmen im Bereich des Kapitalmarktrechts heraus. Der Vortrag "Segmentspezifischer Anlegerschutz für börsengehandelte Titel" beruhe auf den vielfältigen Erfahrungen und Analysen des Referenten und stelle mit seiner juristischen Akzentuierung einen einzigartigen Beitrag zu der derzeit geführten Diskussion dar.

1. UMFANG DES ANLEGERSCHUTZES

Auf eine Bemerkung von Heinz SAERBERG hin, der anhand des Kursverlaufs einer bestimmten Aktiengesellschaft nach einer Kapitalerhöhung darzulegen versuchte, daß geltende Anlegerschutzbestimmungen nicht ausreichten, machte Professor HOPT deutlich, daß einzelne "Flops" keine Aussagekraft über die Wirksamkeit von Anlegerschutzbestimmungen schlechthin hätten. Wenn es um die möglichst optimale Ausgestaltung einer Organisation - hier eines zweiten Marktsegments - gehe, wären Einzelbetrachtungen irrelevant. Er bekräftigte seinen Standpunkt, wonach jedes Risiko einen Gewinn bedinge und umgekehrt. Sonst, so Professor HOPT, würde der Anlegerschutz in seiner funktionalen Komponente eigentlich ad absurdum geführt.

Im Hinblick auf den praktizierten Anlegerschutz, der stark an die Rechtsform der Aktiengesellschaft geknüpft sei, wurde in einer Wortmeldung zu bedenken gegeben, ob die Börse nicht der falsche Ansatzpunkt für die Anlegerschutzreduktion sei und ob man nicht vielmehr bei der AG ansetzen sollte. Der Geschäftsbericht einer Aktiengesellschaft enthalte oft weitaus mehr Informationen als beispielsweise die Frankfurter Wertpapierbörse für einen Prospekt verlange.

Nach Aussagen des Referenten falle die Senkung des rechtsformspezifischen Schutzes bei einer Aktiengesellschaft in den Bereich der Utopie. Die Undurchführbarkeit begründete Professor HOPT mit dem Hinweis auf die EG-Richtlinien, wonach die Anlegerschutzregelungen für Aktiengesellschaften vereinheitlicht seien. Eine Senkung des Anlegerschutzes im Bereich des Gesellschaftsrechts wäre nur bei anderen Rechtsformen, wie z. B. etwa bei der GmbH, möglich.

2. GESELLSCHAFTSRECHT ODER KAPITALMARKTRECHT

Professor Dr. Uwe H. SCHNEIDER von der Universität Mainz griff diese letzte Überlegung in einem Diskussionsbeitrag auf. Nachdem zwingende Normen die Aktiengesellschaften fest eingebunden hätten, werde es seiner Meinung nach nicht gelingen, kleine und mittlere Unternehmen dazu zu bewegen, die Rechtsform der Aktiengesellschaft anzunehmen. Daher müsse überlegt werden, wie bei den bestehenden Rechtsformen anzusetzen sei und wie die in der Bundesrepublik immer zahlreicher werdenden GmbH's und KG's in die Lage versetzt werden könnten, sich im breiteren Maße mit Beteiligungen zu finanzieren. Bei der GmbH ließen sich die GmbH-Anteile durch das Anhängen einer stillen Gesellschaft marktfähig machen.

Die Krise der ca. 2.400 Aktiengesellschaften in der Bundesrepublik sei begleitet von einem Aufschwung der GmbH's, deren Zahl mittlerweile auf über 300.000 gestiegen sei. Professor SCHNEIDER bezeichnetete die komparative Betrachtung der deutschen GmbH's mit den GmbH's der Schweiz als irreführend. In der Schweiz ersetze die Aktiengesellschaft die GmbH. Da die Schweizer Aktiengesellschaft weit mehr Ausgestaltungsmöglichkeiten anböte als das in der Bundesrepublik der Fall sei, habe die GmbH in der Schweiz keinerlei Bedeutung.

Im Hinblick auf die bundesrepublikanischen Verhältnisse und konkret zu der Fragestellung des Anlegerschutzes nannte Professor SCHNEIDER zwei Konzeptionen, die sich in den letzten Jahren in der Diskussion herauskristallisierten: Die eine Konzeption, unter anderem vertreten durch Professor HOPT, hebe den Schutz am Kapitalmarkt hervor, die andere setze beim Schutz auf der Seite der Beteiligung, der Ausgestaltung der Publikumspersonengesellschaften und bei rechtsformunabhängigen Finanzierungsformen wie den Genußscheinen an. Professor SCHNEIDER sprach die Vermutung aus, daß die im Augenblick noch diskutierte breite Gestaltungsmöglichkeit des Genußrechts auch vom 2. Senat des Bundesgerichtshofs fortgeführt werden wird. Seiner Ansicht nach werde auch hier der Anlegerschutz zum Zuge kommen.

Auf diesen Überlegungen basierte die These von Professor SCHNEIDER, den Schutz des Kapitalmarktrechts viel stärker zurückzunehmen und alleine auf den Schutz bei der Ausgestaltung der Gesellschaft, etwa im Bereich der KG, zu vertrauen.

Professor SCHNEIDER hat damit auf diesem Symposion die bis auf den Juristentag 1976 zurückgehende wissenschaftliche Auseinandersetzung mit Professor HOPT über die Frage, ob der Anlegerschutz nicht vielmehr auf der Seite des Gesellschaftsrechts angesiedelt werden sollte statt auf der Seite des Kapitalmarktrechts, wiederbelebt. Professor HOPT erläuterte die verschiedenen Ansatzpunkte der beiden Konzeptionen nocheinmal aus seiner Sicht. Während er von den internationalen Entwicklungen ausginge, argumentiere Professor SCHNEIDER auf der Basis des deutschen Rechts.

Abschließend plädierte Professor SCHNEIDER für die Minderung des (Haftungs-)Risikos der Beteiligungsvermittler. Die hohen Haftungsrisiken seien seiner Meinung nach der Grund für den Rückzug der Banken aus diesem Geschäft.

3. HANDELBARKEIT DER GMBH-ANTEILE

Auf die Chancen der Handelbarkeit von GmbH-Anteilen angesprochen, hob Professor HOPT hervor, daß er diesen wichtigen Problemkreis für weitgehend ungelöst halte. Die momentane Undurchführbarkeit stünde aufgrund der gesetzlichen Lage nicht zur Debatte. Die GmbH sei im Sinne und nach den Intentionen der Gesetzgeber traditionell seit 1900 am Markt n i c h t handelbar; dafür sei von jeher die Rechtsform der Aktiengesellschaft vorgesehen. Diese evolutorisch gewachsene, erprobte Funktionsaufteilung zwischen den Rechtsformen GmbH und AG mit neuen Gestaltungen am Markt zu überspringen, werfe erhebliche Schwierigeiten auf.

Den Problemkreis der unterschiedlichen Rechtsformen in verschiedenen Ländern ergänzte Professor HOPT durch einen Hinweis auf die Handhabung bei der GmbH & Co. Eine weitere Diskrepanz auf internationaler Ebene würde die geplante Herausnahme der deutschen GmbH & Co. aus dem Bilanzrichtliniengesetz schaffen.

4. NOTWENDIGKEIT EINES DRITTEN MARKTSEGMENTS

Professor SCHMIDT bat den Referenten um eine Stellungnahme zu den derzeitigen Bemühungen, das dritte Marktsegment zu regulieren. Er erwähnte Zeitungsmeldungen, wonach München in Anlehnung an Frankfurt und Düsseldorf Regelungen für den ungeregelten Freiverkehr getroffen hätte. Hierbei sei für neue Gesellschaften, wie im geregelten Freiverkehr, die Antragstellung durch ein Kreditinstitut notwendig.

Für den Juristen, so Professor HOPT, sei der Telefonhandel weitgehend unproblematisch, da dieses Marktsegment vertragsrechtlich geregelt sei. Erst wenn Fragen zum AGB-Gesetz anständen, wäre der Jurist gefragt. Er plädiere jedoch dafür, vorhandene Wettbewerbsstrukturen möglichst weitgehend zu erhalten.

E WELCHE LEISTUNGSPOTENTIALE BEINHALTET DAS DEUTSCHE BÖRSENWESEN?

Dietrich-Kurt FROWEIN, Mitglied des Vorstandes der COMMERZBANK AG, Frankfurt/Main

G l i e d e r u n g

I. Bisherige Leistungen des deutschen Kapitalmarkts
   1. Quantitative Betrachtung
      a) Primärmärkte
      b) Börsenkapitalisierung und Rentenumlauf
   2 Qualitative Probleme
      a) Rentenmarkt
      b) Aktienmarkt
   3. Abschätzung des Leistungspotentials (historischer und internationaler Vergleich)

II. Möglichkeiten zur Erhöhung der Leistungsfähigkeit des Aktienmarkts
   1. Ertragskraft der Unternehmen stärken
   2 Stabile und konsistente wirtschafts- und steuerpolitische Rahmenbedingungen schaffen
   3. Aktienbörse facettenreicher gestalten
      a) Potential bei bestehendem Börsensystem
      b) Potential bei Reform des Börsenwesens
      c) Initiativen zugunsten anderer börsennotierter Beteiligungsformen
         (1) gesellschaftliche und organisatorische Besonderheiten der Aktiengesellschaft
         (2) stimmrechtslose Vorzugsaktien

III. Schluß

IV. Bericht zur Diskussion

E. Welche Leistungspotentiale beinhaltet das deutsche Börsenwesen?

Dietrich-Kurt FROWEIN

Die Frage nach den "Leistungspotentialen des deutschen Börsenwesens" legt es nahe, zwei Themenkomplexe nacheinander abzuhandeln. In dem ersten Schritt möchte ich eine Bilanz der bisherigen Leistungen des deutschen Kapitalmarkts ziehen. Fällt eine solche Bilanz tatsächlich so negativ aus, daß "West-Deutschland den primitivsten Finanzmarkt aller industrialisierten Länder hat", wie die britische "Financial Times" und das Wirtschaftsmagazin -"Economist" Ende 1983 gleichlautend behaupteten? Oder ist diese Aussage weit übertrieben? Gleichgültig welcher Ansicht man eher zuneigt, eines dürfte schwerlich bestreitbar sein: Das Leistungspotential im Bereich Risikokapital ist bei uns wesentlich größer als die Leistungsrealität. Im zweiten Schritt meines Referats werde ich Stellung zu den verschiedenen Möglichkeiten beziehen, dieses Leistungspotential auszuschöpfen.

I. BISHERIGE LEISTUNGEN DES DEUTSCHEN KAPITALMARKTS

1. QUANTITATIVE BETRACHTUNG

Zunächst jedoch zur Bestandsaufnahme. Ansatzpunkt für eine Leistungsbeurteilung unseres Kapitalmarktes sind vor allem Absatz- und Umlaufvolumina sowie Umsatzergebnisse, jeweils getrennt für Aktien und festverzinsliche Papiere.

a) PRIMÄRMÄRKTE

Am Primärmarkt für Aktien beschafften sich börsennotierte deutsche Unternehmen 1984 über Kapitalerhöhungen neue Eigenmittel im ausmachenden Betrag von 2,4 Mrd DM. Dies war deutlich weniger als in den Vorjahren und nur etwa ein Drittel mehr als im Durchschnitt der 70er bzw. doppelt so viel wie im Durchschnitt der 60er Jahre. Am Rentenmarkt dagegen wurden 1984 neue festverzinsliche Wertpapiere für brutto etwa 230 Mrd DM begeben; nach Abzug der Tilgungen verbleibt ein Netto-Absatz von rund 80 Mrd DM. Damit wird der Durchschnittsabsatz der 70er Jahre um mehr als das Doppelte, jener der 60er Jahre sogar um mehr als das Siebenfache übertroffen.

b) BÖRSENKAPITALISIERUNG UND RENTENUMLAUF

Ein ähnliches Bild ergibt sich bei einer Analyse der Marktvolumina. Ende 1984 belief sich der Kurswert aller börsennotierten deutschen Stammaktien auf rund 250 Mrd DM. Der Umlauf an festverzinslichen Titeln überstieg demgegenüber 850 Mrd DM. Während die Aktienkapitalisierung heutzutage zweieinhalbmal so groß wie vor zehn und knapp dreimal so groß wie vor 20 Jahren ist, übersteigt der Rentenumlauf die Vergleichswerte um das Drei- bzw. Zehnfache.

Ohne Sie mit zu vielen Zahlen langweilen zu wollen, werden aus diesen Daten zwei Strukturunterschiede erkennbar:

(1) der deutsche Aktienmarkt ist heute erheblich kleiner als der Rentenmarkt, weshalb
(2) das Wachstum am Rentenmarkt seit den 70er Jahren ungleich dynamischer ist als am Aktienmarkt.

2 QUALITATIVE PROBLEME

a) RENTENMARKT

Größe und Expansionsrate des Rentenmarkts dokumentieren seine bemerkenswerte Vitalität. Das rechnerische Selbstfinanzierungspotential ist inzwischen so hoch, daß er sich nahezu vollständig aus fällig werdenden Zinsen und Tilgungen selbst alimentieren kann. Im internationalen Vergleich nimmt der deutsche Rentenmarkt - von der Emissionskraft wie vom Umlaufvolumen her - hinter dem amerikanischen und japanischen den dritten Platz ein. Ist also die quantitative Leistungsfähigkeit unseres Marktes für Festverzinsliche kaum umstritten, so lassen Sie mich doch aus qualitativer Sicht zwei kritische Aspekte erwähnen, die Anlaß zur Besorgnis gaben und immer noch geben.

Das erste Problem. die Dominanz der öffentlichen Hand, hat in letzter Zeit zwar an Schärfe eingebüßt. Doch obwohl sich der Staat seit gut zwei Jahren auf Konsolidierungskurs befindet und bei seiner Nettokreditaufnahme zurückhält, entfallen etwa zwei Drittel des Gesamtumlaufs aller inländischen Rentenwerte auf die öffentliche Hand, sofern man die ihrer Zweckbestimmung nach der Finanzierung öffentlicher Aufgaben dienenden Kommunalobligationen mit den öffentlichen Anleihen zusammenfaßt. Dies erscheint nicht zuletzt deswegen als extrem hoch, weil gleichzeitig einzelne private Marktsegmente entweder an Boden verloren haben - wie der Pfandbrief - oder sogar im Begriff sind auszusterben - wie die klassische Industrie-Obligation.

Andererseits machen mehr und mehr börsennotierte Firmen von der Möglichkeit Gebrauch, Optionsanleihen - teilweise über ausländische Finanzierungstöchter - in D-Mark oder Dollar zu emittieren. Inzwischen steht den großen deutschen Börsengesellschaften ein sogenanntes bedingtes Kapital von schätzungsweise 2 Mrd DM zur Verfügung. Durch Ausüben der Optionsrechte kann ein Teil dieses ursprünglich zinsgünstigen Fremdkapitals später die Eigenkapitalausstattung der Unternehmen verbessern.

Das zweite Problem des Rentenmarkts ist die erschreckende Verkürzung der Laufzeiten, die mit einer ansteigenden Tilgungswelle einhergeht. Betrug die durchschnittliche Restlaufzeit umlaufender festverzinslicher Papiere vor 15 Jahren fast 12 und vor 10 Jahren noch knapp 8 Jahre, ist sie mittlerweile auf weniger als 4 Jahre gesunken - eine Entwicklung, die immer mehr zu abschnittsweisen Finanzierungen langfristiger Investitionen in Unternehmen und Wohnungsbau zwang. Dieser verhängnisvolle Trend zur Laufzeitenverkürzung muß nicht nur gestoppt - wofür zaghafte Anzeichen sprechen -, sondern umgekehrt werden.

b) AKTIENMARKT

Ist der deutsche Rentenmarkt eher ein Musterknabe mit einigen Schwächen, so ist der Aktienmarkt - um im Bilde zu bleiben - eher ein Durchschnittsschüler, dessen Zensuren sich in den letzten beiden Jahren allerdings stark verbessert haben. Mit der Titulierung "Durchschnittsschüler" möchte ich nun allerdings nicht den Eindruck erwecken, als ob die deutsche Aktienbörse ihre Funktionen nicht erfüllen könnte. So ist es beispielsweise für Aktionäre unverzichtbar, daß durch die Institution "Börse" jederzeit ein geordneter Kauf und Verkauf sowie eine aktuelle, offizielle Bewertung von Aktien möglich ist. Diese Funktionen werden vollauf erfüllt. Meine Hauptsorge liegt vielmehr darin, daß das Volumen an Risikokapital, das über den organisieren Kapitalmarkt gebildet wird, vergleichsweise zu gering ist; oder, in den Worten der Bundesbank: "daß die Aktie als Finanzierungsinstrument in der deutschen Wirtschaft nur eine sehr untergeordnete Rolle spielt".

Obwohl die durchschnittlichen Emissionskurse bei Bezugsrechtsangeboten börsennotierter Gesellschaften seit der Körperschaftsteuerreform von 1977 kräftig gestiegen sind, erreichte der Anteil der Aktienemissionen an der gesamten Außenfinanzierung der Unternehmen im Durchschnitt der Jahre 1977/1983 nicht einmal knapp 6 %. Der im gleichen Zeitraum von der gesamten Ersparnis der privaten Haushalte in Aktien angelegte Anteil betrug sogar nur noch weniger als ein Prozent, wenn auch noch gut ein Sechstel des gesamten Aktienvermögens Ende 1983 bei Privatpersonen lag.

Die Gründe und Begleiterscheinungen der hierin zum Ausdruck kommenden Vernachlässigung der Aktie als Anlage- und Finanzierungsinstrument sind vielfältig und brauchen nicht mehr erschöpfend vorgetragen werden. Lassen Sie mich nur die beiden miteinander zusammenhängenden Hauptursachen kurz erwähnen:

- Unzureichende Aktienrendite

Erstens blieb die Rendite von Aktien wie die Rentabilität des Sachkapitals im allgemeinen, trotz Erholung in den beiden letzten Jahren, meist hinter der Rentabilität von Finanzanlagen - insbesondere am Rentenmarkt - zurück.

Dies ist um so gravierender, als bei einem weitgehend risikoscheuen Verhalten der Kapitalgeber risikoreichere Eigenkapitaltitel auch höhere Risikoprämien erfordern würden als weitgehend risikoarme Fremdkapitaltitel.

- Vermeintliche Marktenge

Hinzu kommt zweitens die vermeintliche Marktenge der deutschen Aktienbörse. Ende 1983 gab es in der Bundesrepublik 260.774 Gesellschaften mit beschränkter Haftung; demgegenüber waren lediglich 2.118 Aktiengesellschaften in das Handelsregister eingetragen, wovon nur 442 an der Börse notiert wurden. Während die Anzahl der GmbH's per Saldo ständig stieg, schrumpften die Aktiengesellschaften zahlenmäßig laufend. Die - vor allem im internationalen Vergleich - nicht allzu farbige Börsenpalette wird noch eintöniger, wenn man sich vergegenwärtigt, daß sich rund die Hälfte des Grundkapitals börsennotierter Aktien in "festen Händen" von Großaktionären, Versicherungen oder privaten Familien befindet. Schließlich unterstreicht eine hohe Konzentrationsquote die These von der Marktenge: Allein auf die 60 marktbreiten Standardwerte, die im COMMERZBANK-Aktien-Index erfaßt sind, entfallen knapp drei Viertel des Kurswertes aller börsennotierten Aktien.

Angesichts dieser Tatbestände ist es um so bemerkenswerter, daß an der deutschen Aktienbörse in den letzten beiden Jahren eine sprunghafte Belebung der Umsatztätigkeit stattgefunden hat: Die Umschlagshäufigkeit - das heißt die Relation der Aktienumsätze zum frei handelbaren Börsenkapital - schnellte 1983/84 auf rund 75 % hoch.

3. ABSCHÄTZUNG DES LEISTUNGSPOTENTIALS (HISTORISCHER UND INTERNATIONALER VERGLEICH)

Soweit die Bestandsaufnahme der quantitativen Leistungen und die Erörterung einiger qualitativer Schwachpunkte des deutschen Börsenwesens. Eine Abschätzung der Leistungspotentiale ist naturgemäß viel schwieriger und spekulativ. Am ehesten bieten sich wohl historische und internationale Vergleiche an, um zu eruieren, was der deutsche Aktienmarkt leisten könnte. Die Relation "Aktienkapitalisierung zu Bruttosozialprodukt" kann dabei als Maßstab für den Beitrag des Aktienmarkts zur Unternehmensfinanzierung bzw. Kapitalanlage dienen.

Richten wir den Blick zunächst über die Grenzen: Der Kurswert des Börsenkapitals - ausgedrückt in Prozent des Bruttosozialprodukts - lag 1983 in den USA bei 63 %, in Großbritannien bei 52 % und in Japan bei

48 %, während die Bundesrepublik nur magere 14 % erreichte. Daß wir uns in unserem Lande nicht schon immer mit derart bescheidenen Quoten zufriedengeben mußten, zeigt als historische Vergleichszahl die Quote von rund 20 % für den Durchschnitt der 60er Jahre. Würden angelsächsische Verhältnisse oder die Relationen der 60er Jahre auf die heutige Situation übertragen, betrüge die Börsenkapitalisierung anstatt 250 Mrd DM zwischen knapp 350 Mrd DM und gut 1.000 Mrd DM. Obwohl eine derart grobe Überschlagsrechnung die verschiedenartigen Bank- und Börsensysteme bzw. die besondere Lage während der 60er Jahre nicht angemessen berücksichtigt, liefert sie doch einen gewissen Anhaltspunkt für die These, daß der deutsche Aktienmarkt sehr viel mehr leisten können müßte, wenn sein Leistungspotential voll ausgeschöpft würde.

II. MÖGLICHKEITEN ZUR ERHÖHUNG DER LEISTUNGSFÄHIGKEIT DES AKTIENMARKTS

Damit komme ich zum zweiten Teil meines Referates, nämlich der Erörterung, was geschehen müßte, um die Stellung unserer Aktienbörse nachhaltig zu stärken.

1. ERTRAGSKRAFT DER UNTERNEHMEN STÄRKEN

Zunächst einmal ist festzustellen, daß in der Bundesrepublik genügend Kapital vorhanden ist. Ein Blick auf den gewaltigen Netto-Absatz von Rentenwerten beweist dies ebenso wie der große "Vorhof" des Kapitalmarkts etwa in Gestalt langfristiger privater Termin- und Spareinlagen. Auch fehlt es durchaus nicht an der Bereitschaft, Risikokapital zu bilden.

Steuerbegünstigte Verlustzuweisungsgesellschaften und Bauherrenmodelle, die zum Teil mit recht erheblichen Unsicherheitsfaktoren belastet sind, erfreuten sich jedenfalls bisher großer Beliebtheit. Mit der demnächst in Kraft tretenden Einschränkung der steuerlichen Vorzugsstellung von Bauherrenmodellen dürfte allerdings der jährliche Betrag, der in diese Kapitalanlagen fließt, von rund 5 Mrd DM (1982/83) auf nur noch 2 Mrd DM schrumpfen.

2. STABILE UND KONSISTENTE WIRTSCHAFTS- UND STEUERPOLITISCHE RAHMENBEDINGUNGEN SCHAFFEN

Damit ist jedoch das Kardinalproblem noch nicht gelöst, nämlich einen Teil der umfangreichen längerfristigen Geldvermögensbildung in neues Risikokapital umzulenken. Da an der These nicht zu zweifeln ist, daß Kapital immer an den Ort des höchsten Ertrags wandert, können verstärkte Aktienengagements von privater wie von institutioneller Seite erst erwartet werden, wenn die Gesamtrendite der Aktienanlage aus Dividenden, Bezugsrechtserlösen und künftiger Kursentwicklung die Gesamtrendite alternativer Finanzanlagen mit hoher Wahrscheinlichkeit übersteigt. Dauerhafte Erfolge bei der Wiederbelebung der Aktie als klassisches Risikopapier können nur dann erzielt werden, wenn das Paradox überwunden wird, daß Eigenkapital aus der Sicht des Anlegers oft zu unattraktiv und aus der Sicht des Unternehmens vor allem wegen der steuerlichen Benachteiligung zu teuer erscheint - ein Paradoxon übrigens, das auf vollkommenen Kapitalmärkten im Sinne der klassischen Kapitalmarkttheorie gar nicht entstehen kann und zu dessen Erklärung die Wissenschaftler unter Ihnen Theorien unvollkommener Kapitalmärkte mit Kreditrationierung heranziehen.

Schafft der Staat günstige und stabile Rahmenbedingungen mit einer konsistenten Wirtschafts-, Finanz- und Sozialpolitik, ist der Kurs der Bundesbank weiterhin konsequent auf Preisstabilisierung ausgerichtet und sind die Tarifparteien bei ihrer Lohnpolitik zum Maßhalten bereit, wären die entscheidenden Voraussetzungen für eine nachhaltige Stärkung der Ertragskraft der Unternehmen erfüllt. Auf diese Weise würde nicht nur die Risikokapitalbildung im Unternehmen selbst via Selbstfinanzierung erleichtert, sondern auch die Eigenkapitalaufnahme am Markt gefördert.

Wie Sie wissen, sind einige andere Länder weiter gegangen, indem sie Modelle kreierten, um mit steuerlichen Anreizen die Aktie dem Publikum erfolgreich schmackhaft zu machen. Gemäß der Devise: "so viel marktwirtschaftliche Prinzipien wie möglich, so wenig staatliche Eingriffe wie nötig", verkneife ich mir Forderungen nach steuerlichen Kaufanreizen zur Förderung des Aktiensparens. Steuerlichen Diskriminierungen sollte allerdings auf der anderen Seite um so weniger eine Überlebenschance gewährt werden. Mit der Körperschaftsteuerreform von der Gewinnbesteuerung und der Bereitschaft, sowohl die Gesellschaftsteuer als auch die Börsenumsatzsteuer ersatzlos abzuschaffen, hat die Regierung gezeigt, daß die Zeichen der Zeit erkannt sind. Konsequenz würde der Staat beweisen, wenn er nun auch möglichst schnell die verbleibende doppelte Belastung der Kapitalgesellschaften und ihrer Anteilseigner mit Vermögensteuer aufheben und die Gewerbesteuer in ihrer gegenwärtig denaturierten Form reformieren würde.

3. AKTIENBÖRSE FACETTENREICHER GESTALTEN

Auch wenn Beteiligungssparen gegenüber alternativen Geldanlageformen wieder konkurrenzfähiger würde, wäre erst eine notwendige, noch keine hinreichende Bedingung erfüllt, um Kapitalanleger und kapitalnachfragende Unternehmen an der Börse reibungslos zueinanderzubringen. Als zweites muß hinzukommen, daß die Aktienbörse sich zu einem größeren und facettenreicheren Markt für den Handel von Unternehmensbeteiligungen entwickelt.

Positiv stimmt, daß die Probleme jetzt weithin akzeptiert werden. Die Börse ist dabei, verloren geglaubtes Terrain im Publikum zurückzugewinnen. Doch muß sich die Mentalität der Anleger noch stärker auf Chance und Risiko nach der Devise "profit is the name of the game" ausrichten.

a) POTENTIAL BEI BESTEHENDEM BÖRSENSYSTEM

Leider ist es heutzutage Mode geworden, Kritik an unserem gegliederten Börsensystem, verbunden mit einem kleinen Seitenhieb gegen die Universalbanken, zu üben. Schauen wir uns das deutsche Börsenwesen daher einmal genauer an. Es kennt zwei Marktsegmente, den "amtlichen Handel" und den "geregelten Freiverkehr".

Der "amtliche Handel" unterliegt dem Börsengesetz aus dem Jahre 1896 und einer ständigen staatlichen Aufsicht. Die innere Ordnung jeder der acht deutschen Wertpapierbörsen ist so eindeutig geregelt. Anbieter von und Nachfrager nach Eigenkapital treffen sich an der Börse nicht direkt, sondern müssen sich durch eigens dafür zugelassene Personen vertreten lassen. Zum Handel berechtigt sind an der Börse die Händler der Kreditinstitute, die hauptsächlich im Kundenauftrag tätig werden, daneben aber auch auf Rechnung ihrer Häuser agieren können. Die Kursfestsetzung in börsennotierten Aktien erfolgt stets durch die staatlich bestellten und vereidigten amtlichen Kursmakler, die die Geschäfte zwischen den Händlern vermitteln und die Börsenkurse in den ihnen zugeteilten Werten gemäß Angebot und Nachfrage festlegen.

Ob eine bestimmte Aktie an der Börse gehandelt und notiert werden darf, wird auf Antrag der Hausbank des betreffenden Unternehmens von der jeweiligen Börsenzulassungsstelle entschieden. Die Zulassung ist an bestimmte Voraussetzungen gebunden, so hinsichtlich der Dauer des Bestehens einer Gesellschaft, der Zeit nachzuweisender wirtschaftlicher Erfolge, des zur Verfügung stehenden Aktienbetrags sowie der Publizität und der Vorlage eines Börsenprospekts. Mit dem Ziele eines noch weiter verbesserten Anlegerschutzes wurden diese Anforderungen inzwischen vom europäischen Gesetzgeber verschärft. Der Bundesgesetzgeber wird die drei maßgeblichen EG-Börsenrichtlinien mit Hilfe des Börsenrichtliniengesetzes bald in nationales Recht umsetzen.

Professor Dr. REUTER ist beizupflichten, wenn er in seinem Gutachten, das er dem 55. Deutschen Juristentag vorgelegt hat, betont, daß die Börsenzugangsvoraussetzungen "Ergebnis eines fast hundertjährigen Lernprozesses (sind), der sich auf die Publikumsgesellschaften bezieht." Es gibt durchaus Sinn, den Handel mit amtlicher Notierung möglichst auf erstklassige Unternehmen zu beschränken und kleinere oder junge Firmen aus der Venture Capital Sphäre nicht, genauer gesagt: noch nicht, miteinzubeziehen. Wer dem zustimmt, der wird auch das Verfahren zur Zulassung an die offizielle Börse im Grundsatz beibehalten wollen, was Verbesserungen, insbesondere Vereinfachungen im Detail nicht ausschließt. Daß das Zulassungsverfahren jedenfalls kaum das entscheidende Hindernis für einen Gang an die Börse sein dürfte, dokumentieren nicht zuletzt die insgesamt einfacheren und auch kostengünstigeren Regelungen der Einbeziehung in den geregelten Freiverkehr, der trotz alledem ebenfalls jahrelang mit Nachwuchsproblemen zu kämpfen hatte.

Im Zusammenhang mit Börseneinführungen wird bisweilen auch auf Banken Schuld abgeladen. Kritiker sehen Universalbanken in einem Interessenkonflikt, da sie das Kreditgeschäft mit dem Effektenkonsortialgeschäft kombinierten und, so heißt es, weniger an der Verbreiterung der Eigenkapitalbasis ihrer Kunden als an der Kreditvergabe interessiert seien. Sie wissen, meine Damen und Herren, daß diese alten Zöpfe aus der Klamottenkiste bereits 1979 von der GESSLER-Kommission zu "Grundsatzfragen der Kreditwirtschaft" mehrheitlich als nicht stichhaltig zurückgewiesen wurden. Gerade mit der Führungsfunktion in dem Konsortium, das die Börseneinführung betreibt und Kapitalerhöhungen durchführt, lassen sich besonders enge und beständige Beziehungen zwischen einem Industrieunternehmen und seiner Hausbank knüpfen. Legitime Eigeninteressen und der Wettbewerb veranlassen Banken, neue Börsenkandidaten zu gewinnen.

b) POTENTIAL BEI REFORM DES BÖRSENWESENS

Nichts belegt diese Aussage besser als die zahlreichen Börsenpremieren, die wir in den letzten beiden Jahren erlebt haben. 1983 wurden sieben Unternehmen mit einem Emissionsvolumen von 0,3 Mrd DM in den amtlichen Handel und in den geregelten Freiverkehr der Börse eingeführt, 1984 waren es sogar 19 Gesellschaften mit fast 1,7 Mrd DM. In beiden Jahren zusammen wurden fast eineinhalbmal so viele Neulinge am Aktienmarkt zugelassen wie von 1977 bis 1982, den ersten sechs Jahren nach der Körperschaftsteuerreform. Das Emissionsgeschäft hat inzwischen längst den Charakter des Außergewöhnlichen abgelegt; es ist fast schon zur Routine geworden.

Mehr und mehr Unternehmen erkennen offenbar, daß sich zur Konsolidierung ihrer Bilanzstruktur und zur Wahrnehmung künftiger Expansionsmöglichkeiten eine Vergrößerung des Aktionärskreises empfiehlt. Auch konnten bei wieder aufwärts gerichteter Konjunktur, anziehenden Unternehmensgewinnen, Umsatzrekorden im Aktienhandel und immer neuen historischen Hochs der Aktienindizes günstige Emissionskurse festgelegt werden. Daß die Verkaufspreise meist richtig angesetzt wurden, hat übrigens Professor Dr. KÖHLER von der Deutschen Bundesbank in einem Zeitungsinterview in diesem Monat - entgegen einem etwas anders lautenden Tenor in einem früheren Bundesbank-Monatsbericht - ausdrücklich anerkannt. Die Kreditinstitute können sich eben auch hierbei auf ihre Erfahrungen stützen, die sie auf der einen Seite in zahlreichen Gesprächen mit potentiellen Börsenkandidaten, auf der anderen Seite mit hohen Überzeichnungen und dem Phänomen des "Stagging" gewonnen haben.

Der häufigere Gang an die Börse ist mit Sicherheit mehr als eine kurzfristige Modeerscheinung. Viele weitere Unternehmen haben bereits angekündigt, daß sie sich in den nächsten Jahren dem Anlegerpublikum öffnen wollen. Erleichtert würde dieser Schritt künftig - insbesondere für kleinere und mittelständische Unternehmen - durch eine Reform des Börsenwesens.

Wenn ich mich für eine Börsenreform ausspreche, so in dem vollen Bewußtsein, daß wir in Deutschland eine durchaus fortschrittliche Börsenstruktur haben. Anders als in Italien, Großbritannien, Dänemark, den Niederlanden oder Frankreich, die in den letzten Jahren Nebenbörsen als neue Märkte für Beteiligungskapital aus der Taufe gehoben haben, gibt es einen solchen hierzulande schon seit 70 Jahren in Gestalt des bewährten geregelten Freiverkehrs.

Der geregelte Freiverkehr findet als Handel in nicht amtlich notierten Wertpapieren seit jeher an den Börsen statt. Er ist vor allem für solche Aktien gedacht, die für einen amtlichen Handel wegen zu geringer Umsätze oder zu geringen Kapitals nicht oder noch nicht geeignet sind. Da es also geradezu ein Charakteristikum des geregelten Freiverkehrs ist, Aktien kleinerer Gesellschaften mit höherem Risiko- und Chancenpotential zu handeln, ist er der geeignete Ansatzpunkt, um ein Stück Mittelstandspolitik an der Börse in die Tat umzusetzen.

- GEREGELTEN FREIVERKEHR IN "GEREGELTEN MARKT" UMGESTALTEN

Für nicht erforderlich halte ich die Idee, unser Börsensystem um ein weiteres Marktsegment zu erweitern. Ein normaler Wertpapiersparer wird möglicherweise verwirrt, wenn zum "amtlichen Handel", zum "geregelten Freiverkehr" und zum Handel von Bank zu Bank - dem sogenannten Telefonverkehr oder ungeregelten Freiverkehr - noch ein vierter Markt, wie immer man ihn bezeichnen mag, hinzukommt. Ich favorisiere den Alternativvorschlag, den geregelten Freiverkehr zu einem offiziellen Parallelmarkt fortzuentwickeln. Dieser Ansicht sind auch die Ständige Kommission für den geregelten Freiverkehr, die Arbeitsgemeinschaft der deutschen Wertpapierbörsen sowie die Börsensachverständigenkommission beim Bundesfinanzministerium; glücklicherweise steht heute noch Herr Dr. ERNST, der Vorsitzende der Sachverständigenkommission, zur eingehenden Diskussion über dieses Thema zur Verfügung.

Zum Projekt "Geregelter Markt" kann ich mich daher kurz fassen: Soll aus dem geregelten Freiverkehr der geregelte Markt werden, müßte dieser modifizierte geregelte Freiverkehr börsengesetzlich abgesichert werden - was er bisher nicht ist -, um zu einer staatlich überwachten Preisfeststellung zu gelangen. Andererseits sollte er im Vergleich zum amtlichen Handel geringere Anforderungen hinsichtlich Börsenzulassung und Publizitätspflichten stellen, um kleineren und mittelständischen Unternehmen den Zutritt zu erleichtern.

Lassen Sie mich die beiden Hauptgründe für eine derartige Änderung der Börsenorganisation klarstellen: Zum einen dürfen keine Versuche und Möglichkeiten ungenutzt bleiben, die geeignet sind, weitere, speziell kleinere Gesellschaften an die Börse heranzuführen. Zum anderen brauchen wir gerade für diesen Kreis von Unternehmen einen Parallelmarkt, der nicht in den Anwendungsbereich der neuen EG Richtlinien mit ihren hohen Hürden für die Börsenzulassung fällt.

Ist die Installation des geregelten Marktes auch ein Schritt, die Börsenlandschaft farbiger zu gestalten, so reicht dieser Schritt allein mit Sicherheit nicht aus, um die Unternehmen dauerhaft in großer Zahl an den Aktienmarkt zu locken. Ebenso wie bei vielen Anlegern Vorsorgedenken dem Risikodenken den Rang abgelaufen hat, sitzt bei vielen kleinen und mittelständischen Gesellschaften die Schwellenangst vor der Ausgabe von Aktien immer noch tief. Die Unternehmensform der GmbH ist für die Aktiengesellschaft und damit für die Aktienmärkte ein nahezu übermächtiger Konkurrent.

Vor allem gegenüber der GmbH erscheinen die rechtsform-spezifischen und organisatorischen Charakteristika der Aktiengesellschaft als zu starr. Aus jahrelanger Aufklärungsarbeit über die Notwendigkeit und Möglichkeiten der Eigenkapitalzufuhr über den Aktienmarkt wissen wir, daß bei vielen Familieninhabern die - großenteils unbegründete - Sorge tief verwurzelt ist, ein "Going Public" könne zu einem weitgehenden Verlust der unternehmerischen Selbständigkeit und Entscheidungsfreiheit führen. Auch schreckt viele Börsenaspiranten die Vorstellung, von einer bislang eher in der Stille arbeitenden Firma zu einem Unternehmen zu avancieren, das sich der Börsenöffentlichkeit aufgrund der generellen Publizitätspflicht von Aktiengesellschaften öffnen muß und sich ein Emissionsstanding aufzubauen hat.

c) INITIATIVEN ZUGUNSTEN ANDERER BÖRSENNOTIERTER BETEILIGUNGSFORMEN

- GESELLSCHAFTLICHE UND ORGANISATORISCHE BESONDERHEITEN DER AKTIENGESELLSCHAFT

Dem Autonomiestreben potentieller Börsenkandidaten kann Rechnung getragen werden, indem neben eine Stärkung der Stellung der "klassischen" Aktie, d. h. der stimmberechtigten Inhaberstammaktie, auch Initiativen zugunsten mehr oder weniger ähnlicher börsennotierter Beteiligungsformen treten. Die Palette der hierzu in die Diskussion gebrachten Vorschläge reicht von einer Aktivierung bereits bestehender Instrumente im Umfeld der Stammaktie bis zur Einführung anderer emissionsfähiger Beteiligungsformen: Dazu zählen beispielsweise stimmrechtslose Vorzugsaktien, Aktien der Kommanditgesellschaft auf Aktien, Wandel- und Optionsanleihen, Genußscheine sowie Aktien und Anteilsscheine von Kapitalbeteiligungsgesellschaften.

Erscheint der Gedanke einer Etablierung anderer emissionsfähiger Gesellschaftsformen - besonders im Hinblick auf mittelständische Unternehmen - prima facie auch recht bestechend, so stehen einer Verwirklichung solcher Ideen doch eine Reihe gesellschaftsrechtlicher und steuerlicher Probleme entgegen. Als wichtigste seien die eingeschränkte Fungibilität von GmbH- und KG-Anteilen sowie die steuerliche Fiktion der Mitunternehmerschaft bei Kommanditgesellschaften und atypischen stillen Gesellschaften genannt. Die Börsensachverständigenkommission hat deshalb im März vorigen Jahres meines Erachtens zu Recht ausgeführt, daß der "Ansatz für einen gesetzgeberischen Flankenschutz bei dem Bemühen um eine verbesserte Eigenkapitalausstattung der Unternehmen (...) bei der Aktie und der nach dem Aktiengesetz gegebenen Variationsmöglichkeiten sowie der Kapitalbeteiligungsgesellschaft für den Mittelstand liegen" sollte.

- STIMMRECHTSLOSE VORZUGSAKTIEN

Kehren wir daher zu einer Verwandten der Stammaktie zurück, die sich in letzter Zeit großer Beliebtheit erfreute: die Vorzugsaktie. Von den 26 Börsenneulingen der Jahre 1983 und 1984 emittierten acht erfolgreich stimmrechtslose Vorzugsaktien im amtlichen Handel bzw. im geregelten Freiverkehr. Der Reiz der Vorzüge besteht insbesondere darin, daß sie einerseits Familienunternehmern ihren geschäftsbestimmenden

Einfluß belassen, andererseits Anlegern höhere Renditen bieten. Mag die Ausgabe von Vorzugsaktien in bestimmten Fällen sinnvoll sein, so sollte sie doch nicht zur Regel werden. Auch bei einer breiten Plazierung neuer Stammaktien kann sichergestellt werden, daß der Einfluß der früheren Mehrheitsgesellschafter auf die Geschäftsführung erhalten bleibt. Bisherige Erfahrungen zeigen jedenfalls, daß Publikumsaktionäre mehr an einer Finanzbeteiligung, weniger an unternehmerischem Engagement interessiert sind.

III. SCHLUSS

Lassen Sie mich zum Schluß noch einmal zusammenfassen: Soll das unbestritten vorhandene größere Leistungspotential unserer Aktienbörse voll ausgeschöpft werden, sind die gesellschafts- und wirtschaftspolitischen, die steuerlichen sowie die allgemeinen unternehmensrechtlichen Rahmenbedingungen so zu gestalten, daß die Aktie mit der Rendite anderer Geldanlageformen konkurrieren kann. Dies hat im Vordergrund zu stehen, damit sich die Kräfte des Marktes frei, kreativ und innovativ entfalten können, um neues Eigenkapital über die Börse zu bilden. Die deutsche Börse ist besser als ihr Ruf. Die Renaissance der Aktien in den letzten beiden Jahren belegt es.

Eine Börsenreform - so wie ich sie beschrieben habe - und vorsichtige, im Einzelfall sorgfältig zu prüfende Initiativen zur Verbreiterung der börsennotierten Beteiligungsformen können dennoch ferner dazu beitragen, den notwenigen Sinneswandel bei Unternehmern und Anlegern zugunsten des volkswirtschaftlich so wichtigen Risikokapitals zu fördern. Ohne einem falschen Aktionismus das Wort reden zu wollen, sind weitere Maßnahmen diskussionswürdig. Ich denke in diesem Zusammenhang beispielsweise daran,

- Kapitalbeteiligungsgesellschaften vor allem zur Finanzierung von jungen, technologie-orientierten Venture Capital Firmen funktionsfähiger zu machen,

- die staatliche Existenzgründungsförderung von neuen Unternehmen noch weiter auszubauen und

- die Vermögensbildung der Arbeitnehmer noch stärker in Richtung auf Kapitalbeteiligungen zu lenken, ohne dadurch neue Diskriminierungen minierungen zu schaffen.

- Auch könnten institutionelle Anleger, insbesondere Versicherungen, gen, mehr als bisher zur Bereitstellung von Risikokapital mobilisiert werden.

- Last but not least kann erwartet werden, daß bei einem dauerhaft günstigen Aktienklima in der Bundesrepublik Ausländer zu einer noch stärkeren Stütze des Marktes werden. Das Potential für mehr Auslandskapital scheint mir noch längst nicht ausgeschöpft zu sein.

Meine Damen und Herren,

nach Winston CHURCHILL soll eine gute Rede das Thema erschöpfen, aber nicht die Zuhörer. Patentrezepte kann niemand liefern. Doch sollte alles getan werden, was rechtlich möglich, wirtschaftlich sinnvoll, sozialpolitisch erwünscht und politisch durchsetzbar ist, um das Leistungspotential der Aktienbörse und damit die Risikokapitalbildung in unserer Volkswirtschaft zu erhöhen. Vielleicht läßt sich in der anschließenden Diskussion der eine oder andere Gedanke noch etwas vertiefen.

IV. BERICHT ZUR DISKUSSION

(Leitung: Professor Dr. Rosemarie KOLBECK, Universität Frankfurt/M.)

Das Referat von Dietrich-Kurt FROWEIN löste Diskussionen zur Frage höherer Anreize im Bereich des breiten Aktiensparens aus, wobei auf den damit zusammenhängenden Faktor der unzureichenden Aktienrendite eingegangen wurde. Außerdem kamen Änderungsvorschläge zur Emissions- und Ausschüttungspolitik zur Sprache sowie Maßnahmen zur Verbesserung der Steuerehrlichkeit auf dem Rentenmarkt.

1. VERMÖGENSBILDUNG DER ARBEITNEHMER DURCH AKTIENSPAREN

Der Referent plädierte im Bereich der Vermögensbildung der Arbeitnehmer für eine verstärkte Lenkung der Anlagebeträge in Richtung auf Kapitalbeteiligungen. Neithardt HOFFMANN-LOSS vom Bundesministerium für Arbeit und Sozialordnung wies in diesem Zusammenhang jedoch auf die mangelnde Akzeptanz von Eigenkapitaltiteln bei Arbeitnehmern hin. Lediglich Belegschaftsaktien bildeten hier eine Ausnahme.

Nach den Ausführungen von Dietrich-Kurt FROWEIN würde sich die Aktie größerer Beliebtheit erfreuen, wenn in der Bundesrepublik bezüglich des breiten Aktiensparens ein klarer politischer Konsens erzielt würde. Dies könnte insbesondere durch Tarifvertragsvereinbarungen ergänzt werden. Die Aufstockung des 624-DM-Gesetzes reiche als Anreiz nicht aus, weil die dafür notwendige Ausweitung des Begünstigtenkreises noch nicht vollzogen sei. Es gäbe jedoch bereits erste Initiativen, die Einkommensgrenzen betragsmäßig anzuheben. Ein solches Vorhaben sei geeigneter und finanziell besser verkraftbar als der in Frankreich eingeschlagene Weg der direkten Subventionen. In der Bundesrepublik bestehe bisher kein Konsens über die zu ergreifenden Maßnahmen.

2 UNZUREICHENDE AKTIENRENDITE?

Professor Dr. Helmut UHLIR von der Universität Frankfurt/M. problematisierte in seinem Diskussionsbeitrag die unzureichende Aktienrendite als eines der genannten Hauptargumente für die Vernachlässigung der Aktie als Anlage- und Finanzierungsinstrument. Er begründete seine Zweifel an der Stichhaltigkeit dieses Arguments mit zweierlei Überlegungen: Erstens würden unzureichende Aktienrenditen bedeuten, daß die Anleger permanent einen zu hohen Preis für die Aktien bezahlen. Zweitens bezeichnete Professor UHLIR den statistischen Befund einer zu niedrigen Aktienrendite, der ebenfalls zur Begründung herangezogen werde, als falsch. Eigene Berechnungen hätten ergeben, daß die durchschnittlich im langfristigen Vergleich auf dem bundesdeutschen Aktienmarkt erzielte Rendite nicht niedriger sei als in den USA. Deshalb glaube er, daß auch nach einer Steigerung der Ertragskraft der Unternehmen diese Behauptung zukünftig weiterhin vorgetragen würde. Eine Stärkung der Ertragskraft der Unternehmen und eine Erhöhung der Gewinne würde dazu führen, daß die Kurse der Aktien steigen und die Aktienrendite sich somit überhaupt nicht verändern würde.

Dietrich-Kurt FROWEIN wendete ein, daß der heutige, von Bankspezialisten gut beratene Anleger sein Spar- und Investmentverhalten nach Renditegesichtspunkten ausrichte. Das Ergebnis sei, daß vom Sparaufkommen nur 1 bis 2 v. H. in den Bereich der Aktie fließen, der Rest wende sich ausschließlich den sicheren und hochverzinslichen Anlageformen im In- und Ausland zu.

Professor UHLIR war dagegen der Meinung, daß festverzinsliche Anlagen ebenfalls ein hohes Risiko bergen. Dies gelte im Bereich des Zinsänderungsrisikos vor allem für langfristige Titel wie Pfandbriefe. Hierbei verwies er auf Papiere aus den 60er und 70er Jahren, deren Börsenkurs auf DM 60,- sanken. Diese Festzinstitel seien damit riskanter gewesen als manche an der deutschen Börse gehandelte sogenannte "riskante" Aktie.

Der langfristige statistische Befund bei Betrachtung der durchschnittlichen Aktienrenditen von Mitte der 50er bis Anfang der 80er Jahre ergäbe nach Professor UHLIR eine durchschnittliche Verzinsung des Marktportefeuilles von ungefähr 10 v. H. Eine solche Rendite übersteige in hohem Maße die durchschnittliche Verzinsung festverzinslicher Wertpapiere im gleichen Zeitraum. Professor UHLIR räumte ein, daß in der Bundesrepublik keine so dramatischen Renditedifferenzen zwischen Aktien- und Rentenmarkt entstehen würden wie in den USA. Dies hänge jedoch damit zusammen, daß auf dem amerikanischen Markt durchschnittlich weitaus riskantere Aktien angeboten würden.

Dietrich-Kurt FROWEIN machte daneben auf die Bedeutung der Währungskomponente aufmerksam. Wenn man bei den Risikobetrachtungen die Veränderungen des laufenden Zinses, die Kursgewinne und andere Risiken berücksichtige, dann werde erkennbar, wie günstig die Anleger in festverzinslichen Papieren abgeschnitten hätten.

3. ÄNDERUNGSVORSCHLÄGE ZUR EMISSIONS- UND AUSSCHÜTTUNGSPOLITIK

Johann Philipp FREIHERR von BETHMANN, ehemaliger Bankier und ehemaliger stellvertretender Vorsitzender der Zulassungsstelle an der Frankfurter Wertpapierbörse, stimmte mit dem Referenten in puncto unzureichende Aktienrendite darin überein, daß darin die Erklärung für die momentan beklagte Fehlentwicklung auf dem Aktienmarkt zu sehen sei. FREIHERR von BETHMANN setzte sich mit den Aussagen von Dietrich-Kurt FROWEIN und Professor UHLIR auseinander. Er sei nicht damit einverstanden, daß beide Herren zur Aktienrendite auch die Gewinne aus verkauften Bezugsrechten und Kursgewinne hinzuzählten.

FREIHERR von BETHMANN führte die Ergebnisse von Professor UHLIR auf die Tatsache zurück, daß die statistischen Berechnungen auf dem Verhalten eines langfristig engagierten Aktionärs basierten. Nur ein Aktionär, der ein Papier mindestens zehn Jahre halte, erziele, einschließlich Bezugserlösen und Kursgewinnen, Renditen, welche den Berechnungen von Professor UHLIR entsprächen. Das Bezugsrecht, mit dem die gebildeten stillen Reserven teilweise aufgelöst würden, wachse dem Aktionär erst nach einigen Jahren zu.

Wegen dieser Mißverhältnisse weist FREIHERR von BETHMANN seit Jahren auf die Notwendigkeit einer Änderung der Ausschüttungs- und Emissionspolitik der Aktiengesellschaften hin. Die Emission solle sich möglichst nah am Börsenkurs orientieren, damit das Bezugsrecht nicht zur Geltung komme. Die Regelungen der Ausschüttungspolitik sollten dahingehend geändert werden, daß ein hoher Anteil des erwirtschafteten Gewinns ausgeschüttet werde. Er forderte auf, nach dem "schütt aus, hol zurück"-Prinzip vorzugehen. Nur dieses sei aktiengerecht, während die Bezugsrechtspraxis im Hinblick auf das Aktienrecht widersinnig sei. Hier werde die Tatsache übergangen, so FREIHERR von BETHMANN, daß die Aktie ein fungibles, den Besitzer ständig wechselndes Instrument sei. Der neue Aktionär, der die junge Aktie erwirbt, erziele keine angemessene Rendite mehr, es sei denn, er halte sie über mehrere Jahre hinweg in seinem Besitz. Ob die Rendite schließlich ausreichend ausfalle oder nicht, müsse offen bleiben. FREIHERR von BETHMANN plädierte für die Umgestaltung des Aktienrechts bzw. der Unternehmenspraxis in der Weise, daß höhere Ausschüttungen ermöglicht würden, die sich am Gesamtertrag orientierten.

Der Referent widersprach diesen Ausführungen nicht grundsätzlich, wies jedoch darauf hin, daß seit der Körperschaftsteuerreform die Emissionskonditionen relativ nah an den Börsenkursen orientiert seien und sich nur noch minimale Bezugsrechtswerte ergäben.

4. STEUERUNEHRLICHKEIT AUF DEM RENTENMARKT

Professor Dr. Uwe H. SCHNEIDER von der Universität Mainz gab zu bedenken, daß die hohe Attraktivität der Fremdkapitaltitel in den am Rentenmarkt bestehenden Steuerhinterziehungsmöglichkeiten liege. Er stellte die Frage, ob der Vortrag von Dietrich-Kurt FROWEIN als ein Plädoyer für Steuerehrlichkeit im Hinblick auf Überlegungen zum Bankenerlaß oder zur Quellenbesteuerung verstanden werden könne.

Die Grundeinstellung zur Bereitschaft, ein Risiko eingehen zu wollen - und nur hier liege die Attraktivität der Aktie -, müsse nach Meinung von Dietrich-Kurt FROWEIN jeder bei sich selber prüfen. Er schloß auch nicht aus, daß sich in den letzten Jahren eine Tendenz zur absoluten Favorisierung des Sicherheitsdenkens entwickelt habe. Auch die hohen Defizite in der öffentlichen Ausgabenpolitik, die Kreditaufnahme des Staates, gleichgültig zu welchem Preis, führten zu Renditevorteilen von Staatspapieren, wodurch der Rentenmarktanleger zusätzlich gegenüber dem Aktienbesitzer begünstigt worden sei.

Dem Effekt der eventuellen Steuerunehrlichkeit maß Dietrich-Kurt FROWEIN demgegenüber nur geringere Bedeutung bei.

Professor UHLIR bekräftigte dagegen Professor SCHNEIDERs Hypothese. Die durchschnittliche Bruttorendite der Aktien betrage seit 1950 etwa 14 v. H. Wenn man diese Zahl der Bruttorendite von festverzinslichen

Papieren von 6 - 7 v. H. gegenüberstelle, bleibe eine ganz erhebliche Risikoprämie übrig. Diese würde durch die Tatsache, daß Kursgewinne außerhalb der Spekulationsfrist steuerfrei sind, noch erhöht. Demgegenüber müßten Zinserträge aus Fremdkapitalanlagen versteuert werden. Berücksichtige man den Steuerstatus eines Durchschnittsanlegers und die Tatsache, daß im Privatvermögen die Kursgewinne bei unter pari notierenden Titeln ebenfalls steuerfrei seien, so müßten sich völlig andere Renditerelationen ergeben. Daraus wären zwei mögliche Schlußfolgerungen zu ziehen: "Entweder die Leute begreifen das nicht, daß das so ist, oder sie hinterziehen die Steuern bei Fremdkapitaltiteln in einem ganz gigantischen Ausmaß."

Podiumsdiskussion (*)

DIE ROLLE DER KREDITINSTITUTE BEI DER NEUEINFÜHRUNG VON UNTERNEHMEN AN DIE BÖRSE

Dr. Gernot E R N S T
Privatbankier, Bankhaus Delbrück & Co.; Vorsitzender des Vorstandes der Berliner Börse und Vorsitzender der Börsensachverständigenkommission beim Bundesfinanzministerium

Bernd E R T L
Geschäftsführender Gesellschafter der PM Portfolio Management GmbH, München

Professor Dr. Wolfgang G E R K E
Universität Mannheim

Professor Dr. Hartmut S C H M I D T
Universität Hamburg, Institut für Geld- und Kapitalverkehr

Dr. Herbert Z A P P
Mitglied des Vorstandes der Deutschen Bank AG, Düsseldorf

DISKUSSIONSLEITUNG: Professor Dr. Fritz P H I L I P P
Universität Mannheim, Lehrstuhl für Allgemeine Betriebswirtschaftslehre, Finanzwirtschaft, insbesondere Bankbetriebslehre I

(*) ANMERKUNG DES HERAUSGEBERS:
Die Wiedergabe der Podiumsdiskussion hätte auch in Form einer Zusammenfassung oder durch eine Überarbeitung der einzelnen Statements durch die jeweiligen Diskussionsteilnehmer erfolgen können. Die einzelnen Beiträge erwiesen sich jedoch als so klar und eindeutig formuliert, daß sich der Herausgeber für ihren Abdruck entschieden hat. Dabei wurden lediglich einige kleine Kürzungen und den Sinn nicht verfälschende redaktionelle Umstellungen vorgenommen. Der Herausgeber hofft so, dem unmittelbaren Charakter des Diskussionsverlaufes am besten gerecht zu werden.

Professor Dr. PHILIPP:

Ich eröffne die Podiumsdiskussion im Rahmen unseres heutigen Symposions. Als Teilnehmer an unserer Gesprächsrunde begrüße ich Herrn Dr. ERNST, Herrn ERTL, Herrn Dr. ZAPP sowie meine beiden Fachkollegen, die Professoren SCHMIDT und GERKE.

Mit den Vorträgen des heutigen Tages wurden zunächst unter dem Generalthema "Risikokapital über die Börse" die Rolle des Staates bei der Risikokapitalaufbringung, die Interessenlage mittelständischer Unternehmen im Rahmen möglicher auf die Verbesserung der Kapitalstruktur ausgerichteter Finanzierungsstrategien einschließlich des "Going Public", der segmentspezifische Anlegerschutz für börsengehandelte Titel und die Effizienz des deutschen Börsenwesens thematisiert.

Zur Diskussion steht nunmehr die Rolle der Universalbanken und spezieller Emissionshäuser bei der Börsenneueinführung von Unternehmen. Das Spektrum der damit berührten Sachverhalte, Aufgaben und Probleme ist relativ weit gespannt. Es beinhaltet, um nur einige grundlegende Aspekte zu nennen, die Festlegung übergeordneter Zielinhalte und vor allem die Zielerreichungsgrade einschließlich der Entscheidung über die Risikopräferenz im Rahmen aller Aktivitäten, die mit der Auf- und Unterbringung von Risikokapital verbunden sind. Weiterhin umfaßt es die im Vorfeld der Börsenneueinführung liegenden Kundenkontakte, Informationsgewinnungs- bzw. -analyseerfordernisse, Entscheidungstatbestände wie Unternehmungsauswahl, Auswahl und Ausstattung geeignet erscheinender Titel und schließlich neben der eigentlichen Börsenneueinführung die nachfolgenden Handels- bzw. Betreuungserfordernisse.

Ich schlage vor, diesen Komplex im Grunde interdependenter Teilaufgaben und Probleme zunächst einmal aus der Sicht einer Universalbank zu beleuchten.

Herr Dr. ZAPP, Ihr Institut hat, betrachtet man nur einmal die vergangenen zwei Jahre, bei Emissionen neu an die Börse kommender Unternehmen eine besonders bedeutende Rolle gespielt. Mit Bezug auf dieses Engagement und diese Erfahrungen möchte ich gerne wissen, welche sind. Ihrer Meinung nach, die wichtigsten Anforderungsmerkmale einer derartigen Emissionstätigkeit, vor allem aber, wo gegebenenfalls sehen Sie Problemfelder?

Dr. ZAPP:

Ich freue mich, meine Herren von der Universität Mannheim, daß ich in meiner zweiten Heimat die Chance habe, den Standpunkt meiner Bank zu einer so wichtigen Frage darzulegen. Dabei möchte ich auch einige Gedanken zu der Frage anstellen, was man alles außerhalb des Banken- und Kundenkreises an den Umfeldbedingungen bzw. den Rahmenbedingungen verbessern könnte.

Rolle der Universalbanken

Zunächst zu der Frage, welche Anforderungen eine Universalbank zu erfüllen hat. Ohne Zweifel liegen ihre Chancen in den sehr engen Beziehungen zu den Firmenkunden. Diese Chancen hat sie als Verantwortung dahingehend aufzufassen, daß sie neben der Abwicklung von Kreditgeschäften und anderen Dienstleistungen auch ständig die Frage prüft und diskutiert, inwieweit sie ihrer traditionellen Mittlerrolle am Kapitalmarkt, nämlich der Vermittlung des anlagesuchenden Kapitals an den kapitalnachfragenden Kunden, gerecht wird. Sie hat sich bei ihrer geschäftspolitischen Artikulation gegenüber unseren Firmenkunden dieser Verantwortung zur Verbesserung der Eigenkapitalstruktur ständig bewußt zu sein.

Erfolge in der Aktienplazierung

Unser zahlenmäßiger Erfolg in der Plazierung neuer Aktien in den letzten zwei Jahren ist das Ergebnis eines Entwicklungsprozesses innerhalb unseres Hauses und auch das Ergebnis eines Problembewußtseins, das uns in den 70er und frühen 80er Jahren aus der rapiden

Verschlechterung der Eigenkapitalstruktur und der sich daraus ergebenden Konsequenzen erwachsen ist.

Dieses Problembewußtsein muß zunächst einmal ein entscheidender Bestandteil der Geschäftspolitik sein. Hierzu möchte ich die unter Ziffer 6 stehende These des Veranstalters dieses Symposions anführen. Professor GERKE führt dort aus: "Insbesondere die Kreditinstitute könnten mehr zur Propagierung der Risikokapitalaufbringung über die Börse beitragen. So bietet das Deutsche Universalbankengesetz den Kreditinstituten zwar hervorragende Kundenkontakte, um neue Unternehmen an die Börse zu führen, es beinhaltet zugleich aber die ständige Gefahr von Interessenkonflikten zwischen Kredit- und Emissionsgeschäft sowie Spar- und Wertpapiergeschäft." Ich halte diese Aussage schlichtweg für unrichtig und sehe überhaupt keinen Konflikt bei einer Universalbank in der parallelen Betreibung von Kredit- und Emissionsgeschäften. Diese Aussage steht konträr zu unserer Geschäftsauffassung und Geschäftspraxis und ist eine erste Herausforderung zur Diskussion.

Anforderungsprofile

Der zweite Punkt, der angesprochen werden muß, sind die Anforderungsprofile an die Bank und an die Kunden. Die Bank, die das Emissionsgeschäft betreibt, muß nicht nur in der Technik des "Going Public" und der Börse fachkundig sein; sie muß auch wissen, was vom Inhalt und von der Struktur eines Unternehmens erwartet werden muß, um börsenfähig zu sein. Die größte Problematik lag in der Vergangenheit darin, daß die Unternehmermentalität dem "Going Public" nicht gewogen war. Dies hat sich bisher nur wenig verändert. Außerdem standen die gesamten Rahmenbedingungen, insbesondere auch im politischen Umfeld, dem "Going Public" und der Umwandlung einer Gesellschaft in eine Aktiengesellschaft entgegen. Weiterhin sind Änderungen hinsichtlich der steuerlichen Konstellation nach wie vor notwendig.

Rahmenbedingungen

Ich bin der Meinung, daß es dem "Going Public" eher schadet als dient, wenn zu oft über zusätzliche Formen von Börsentiteln gesprochen wird. Indem man viel Phantasie auf die Schaffung neuer Börseninstrumente verwendet, stiftet man nur Verwirrung.

Markttransparenz

Man sollte den Markt statt dessen transparenter und damit für den Anleger überschaubar und besser kontrollierbar gestalten. Das fängt für mich beim Börsenhandel von Genußscheinen an und umfaßt GmbH-Anteile oder erst recht stille Beteiligungen und sonstige andere Formen, die neu an die Börse gebracht werden könnten.

Über eines muß man sich im klaren sein: eine Universalbank hat die große Chance, ihr Standing dem neuen Unternehmen, das an die Börse geht, mit auf den Weg zu geben, um ihm damit die Möglichkeit zu verschaffen, einen eigenen Emissionskredit zu erwerben. Hier liegen die Vorteile der Universalbank. Der Weg vom Emissionsstanding und der Plazierungskraft der Bank zu der Verleihung des Emissionsstanding auf das Unternehmen steht unter dem Motto: Helft dem Unternehmen, daß es später ein eigenes Emissionsstanding hat, damit es in die Lage versetzt wird, durch eigene Leistung und auch durch richtige Kursbestimmung bei der Börseneinführung einen Emissionskredit zu erwerben. So kann es vom Kapitalmarkt auch später weiterhin Gebrauch machen.

Professor Dr. PHILIPP:

Emissionsstanding

Herr Dr. ZAPP, Sie sagen, die Universalbank habe ihr Emissionsstanding. Aber je nachdem, wie Sie den Anforderungsgrad an dieses Standing definieren, ergeben sich Anforderungen gegenüber dem Kunden bzw. Konsequenzen für die Kundenauswahl. Schafft das nicht gewisse Schwierigkeiten gerade im Hinblick auf junge, dynamische Unternehmen mit hohem Entwicklungs-, hohem Marktrisiko? Es wäre doch denkbar, daß die betreffende Bank ein Unternehmen nicht zum Zuge kommen läßt, wenn es das Standing der Bank negativ tangieren könnte.

Professor Dr.SCHMIDT:

Emissionsrisiken

Ich glaube, Herr Kollege PHILIPP, Sie sprechen hier den zentralen Punkt an. Aber gleichwohl würde ich deshalb nicht der Meinung sein, daß Banken mehr tun können, und zwar genau aus den Gründen, die Sie anführen. Die Emssionsvorteile - das, was an Provision aus diesen von Ihnen genannten kleinen dynamischen Unternehmen zu holen ist - sind so gering, daß die hier implizierten Standingrisiken gar nicht wettgemacht werden können. Daher muß ich Herrn Dr. ZAPP dahingehend zustimmen, daß die Banken nicht mehr tun können.

Marktsegmentierung

Hierarchie der Emissionsmärkte

Die Diskussion über den zweiten Markt und die Marktsegmentierung hat in der Öffentlichkeit immerhin auch ein positives Ergebnis gehabt. Die Notwendigkeit mehrerer börslicher Marktsegmente, also eine Hierarchie von Teilmärkten auf dem Zirkulationsmarkt, wurde akzeptiert. Und dieser Hierarchie auf dem Zirkulationsmarkt muß eine Hierarchie auf dem Emissionsmarkt entsprechen. Wir brauchen kleine und große Emissionshäuser. Bei kleinen Emissionshäusern ist das Mißverhältnis zwischen Standingrisiken und möglichen Erträgen nicht gegeben. Und weil es in der Bundesrepublik an kleinen Emissionshäusern fehlt, ist der untere Teil der Hierarchie auf dem Emissionsmarkt im Gegensatz zum hervorragend organisierten oberen Teil überhaupt nicht ausgeprägt.

Vergleich mit den USA

Ich möchte hier die Vereinigten Staaten zum Vergleich heranziehen. Die SEC, die US-Small Business Administration und auch der Federal Reserve Board haben die Bedeutung dieser kleinen Emissionshäuser für die externe Eigenfinanzierung kleiner innovativer Unternehmen wiederholt unterstrichen. Die Statistik über Erstemissionen in den USA - ich beziehe mich auf Untersuchungen der SEC und der US-Small Business Administration - macht es deutlich: 78 v. H. aller Erstemissionen sind von Regional Broker Dealers herausgebracht worden. Die regional tätigen Brokers besorgen auch die kleineren Emissionen. Das Durchschnittsvolumen bei den Regionals liegt bei 2,5 Mio $ bei einer Erstemission, während bei den National Broker Dealers 9,8 Mio $ der Durchschnitt ist. Von 290 Regional Broker Dealers - eine astronomisch hohe Zahl für deutsche Verhältnisse - waren 131 Mitglieder der New York Stock Exchange. Das durchschnittliche Eigenkapital der 159 Nichtmitglieder betrug in den 70er Jahren 428.000 $, also deutlich weniger als eine halbe Million. Und diese letzte Zahl macht einen ganz wichtigen Punkt deutlich: In der Bundesrepublik dürfen solche Emissionshäuser gar nicht tätig werden, weil sie den Eigenkapitalanforderungen des Bundesaufsichtsamtes für das Kreditwesen nicht entsprechen. Ein Eigenkapital in Höhe von 3 oder 6 Mio DM muß mindestens vorhanden sein, um das Geschäft eines Emissionshauses betreiben zu dürfen.

kleinere Emissionshäuser

In den USA gilt der freie Zugang zum Investment Banking als unverzichtbarer Eckpfeiler der Eigenkapitalversorgung kleiner Unternehmen. Ich vertrete die Ansicht, daß wir in der Bundesrepublik, ähnlich wie in den Vereinigten Staaten, eine größere Anzahl von Emissionshäusern im unteren Teil der Hierarchie brauchen. Dies wäre eine sehr wichtige Rahmenbedingung, die unsere an und für sich sehr gute Börsenorganisation mit viel mehr Leben erfüllen würde.

Dr. ZAPP:

Emissionsstanding

Ich hielte es für falsch, wenn hier das Emissionsstanding so verstanden würde, als sei es eine Einrichtung, die der Unternehmensfinanzierung im Wege steht. Das Standing eines Hauses fördert die Möglichkeit, auch neue Wege zu beschreiten und kleinen Unternehmen zu helfen. Unser Haus hat bis zu einem Plazierungsvolumen von 1 Mio DM bei der Firma MARKT UND TECHNIK mitgewirkt. Es wäre einfach falsch, das Emissionsstanding so zu verstehen. als müsse man sich auf die Großunternehmen beschränken. Als Kapitalbeteiligungs-, Risikokapitalbeteiligungs- und Wagnisfinanzierungsgesellschaften sind wir durchaus in der Lage, junge Unternehmen ein Stück des Weges zu begleiten und sie dann an die Börse zu bringen. Universalbanken haben wegen ihres

Emissionsstandings keine Probleme, den Aufgaben, die der Markt verlangt, gerecht zu werden.

Anforderungen an die Emissionshäuser

Herr ERTL hat zu einem sehr frühen Zeitpunkt darauf aufmerksam gemacht, daß auch kleinen Unternehmen geholfen werden kann und muß. Doch einigen Anforderungen müssen die Emissionshäuser gerecht werden: sie dürfen das Vertrauen des Anlegers in diesen Markt nicht zerstören, denn von der Kaufbereitschaft des Anlegers sind wir alle abhängig. Deshalb müssen die Emissionshäuser eine ausreichende Plazierungskraft mitbringen oder entwickeln. In dieser Plazierungskraft lag bislang der eigentliche Vorteil von Universalbanken. Nichts gegen Emissionshäuser und nichts gegen den Wettbewerb, aber es muß Einspruch gegen die Vorstellung erhoben werden. Emissionshäuser seien nötig, weil den Universalbanken ihr eigenes hohes Standing im Emissionsgeschäft im Wege stehe.

Professor Dr. PHILIPP:

Herr ERTL, das Engagement Ihrer Gesellschaft im Rahmen der Börsenneueinführung von Unternehmen ist ja bekannt, und man darf es in gewisser Hinsicht sogar als avantgardistisch bezeichnen. Es ist aber auch kein Geheimnis, daß Ihrem Engagement ein sehr unterschiedlicher Erfolg beschieden war. Wo liegen eigentlich die neuralgischen Punkte einer solch unterschiedlichen Entwicklung?

ERTL:

Zahl der Emissionshäuser

Ich möchte zunächst ein paar Worte zu der These über die Anzahl von Emissionshäusern sagen, die Herr Professor SCHMIDT vertrat. Schauen wir uns einmal die Situation an, wie sie zu der Zeit war, als es in Deutschland tatsächlich noch einen Emissionsmarkt gab.

Deutschland 1925

Nehmen wir das Jahr 1925. Damals gab es in Deutschland noch 13.010 Aktiengesellschaften, heute gibt es nur noch etwas über 2.000. Die Anzahl der kleinen Emissionshäuser oder, besser gesagt, die Anzahl der kleinen Privatbankiers, die damals überwiegend das Emissionsgeschäft mit kleinen und mittleren Firmen betrieben, betrug im Jahre 1925 1.406, heute dürften es noch etwa 150 sein. Dieser Vergleich deutet darauf hin, daß gerade das Vorhandensein einer Vielzahl von kleinen und mittleren Anbietern auf dem Emissionsmarkt Ursache für einen funktionsfähigen Kapitalmarkt ist.

Erfahrungen eines Emissionshauses

Und nun zu der Pioniersituation unseres Unternehmens. Wir haben immerhin seit unseren ersten Buchveröffentlichungen zu diesem Thema im Jahre 1973 bis zu der ersten Emission acht Jahre gebraucht. Auf diesem Wege und gerade in den letzten Jahren haben wir eine ganze Reihe von Erfahrungen gemacht. Positiv sind die Erkenntnisse, daß es eine Fülle von Firmen gibt, die bereit sind, an die Börse zu gehen und daß die Anleger neue Aktien zeichnen wollen.

Ausfallquoten

Wenn man eine bestimmte Anzahl von kleinen und mittleren Firmen an die Börse bringt, dann kommen ca. 40 v H. - ein relativ hoher Prozentsatz - dieser Firmen nach einer gewissen Zeit in Schwierigkeiten. Diese Erfahrung wurde auch in den USA gemacht, was man anhand von Untersuchungen nachweisen kann. Es ist ein Unterschied, ob man ein gestandenes Unternehmen mit einem eingefahrenen Management und all den Strukturen, die ein langfristiges Überleben sichern, an die Börse bringt, oder ob es sich um Unternehmen handelt, die erst seit 3 bis 10 Jahren existieren und vielleicht einen Umsatz von 3 bis 10 Mio DM haben. Bei diesen Firmen ist das Verlustrisiko - das Risiko, in Schwierigkeiten zu kommen - sehr hoch und darin sehe ich den kritischen Punkt, auf den Sie mich angesprochen haben.

Dr. ERNST:

Herr ERTL, ich möchte Sie um die Klarstellung der von Ihnen genannten 40 v. H. bitten. Es sind meiner Meinung nach sicherlich keine 40 v. H. der börseneingeführten

Gesellschaften, die in Schwierigkeiten geraten, was ein wesentlicher Punkt ist. Im vergangenen Jahr wurde mir an der Londoner Börse zum Unlisted Security Market gesagt, daß von den 400 eingeführten Unternehmen in den vier oder fünf Jahren, die der Markt bestand, 20 Gesellschaften in Schwierigkeiten gekommen sind. Das wären also nur 5 v. H., und ich meine, daß zwischen 5 und 40 v. H. ein erheblicher Unterschied besteht. Wenn wir also tatsächlich dazu kämen, daß 40 v. H. der börseneingeführten Gesellschaften in Schwierigkeiten geraten, dann würden wir beinahe Wild West-Zustände haben.

Ausfallquote in England

Die Börse hat ein wichtiges Interesse daran, daß das Vertrauen in ihren Markt aufgebaut, gepflegt und erhalten bleibt. Dies ist, meine ich, nicht etwas, was spezifisch nur für die Banken und deren Emissionskredit gilt. Wir geben uns auch aus der Sicht der Börse sehr viel Mühe mit der Auswahl der Gesellschaften, die an den Markt herankommen und versuchen durch Prospektpflichten und andere Auflagen Sicherungen zwischenzuschalten. Damit wollen wir möglichst verhindern, daß wir zu den von Ihnen zitierten Prozentsätzen kommen.

Ansehen der Börse

ERTL:

Natürlich sind wir, wie jeder andere, genauso wenig daran interessiert, daß es zu solchen Prozentsätzen kommt. In den von mir genannten Statistiken wurden amerikanische Firmen untersucht, die am Over the Counter Market neu eingeführt wurden. Dieser Markt würde dem Unlisted Security Market in London entsprechen. Vier Jahre nach der Emission wurden 40 v. H. dieser Firmen nicht mehr börsennotiert. Entweder waren sie in Konkurs gegangen oder sie hatten sich selber aufgelöst oder wurden aus irgendeinem anderen Grund nicht mehr notiert.

Unlisted Security Market

Soweit die Fakten aus den USA. Ich sage nicht, daß es in Deutschland genauso sein muß. Ich sage auch nicht, daß man die Kontrolle über diese Firmen hier nicht noch mehr verstärken könne als bisher. Sie können die Firmen noch so scharf prüfen und noch so strenge Untersuchungen anstellen. es bleibt das unternehmerische Risiko und die Tatsache, daß eine gewisse Anzahl dieser jungen Firmen einfach in Schwierigkeiten kommen wird.

Junge Firmen

Ihren Ausführungen über das Ansehen der Börse stimme ich zu. Ich würde auch ganz klar sagen, daß man diese jungen Firmen auf jeden Fall nicht in den amtlichen Verkehr, sondern in den ungeregelten Freiverkehr aufnehmen sollte. Auf der anderen Seite, wenn nur eine kleine Zahl von Firmen die Möglichkeit hat, auf welche Weise auch immer, den Börsenmarkt in Anspruch zu nehmen, so wird sich das sicherlich auf die Finanzierungschancen im Land niederschlagen.

Professor Dr. PHILIPP:

Ich möchte das Wort Herrn Kollegen GERKE erteilen, nicht zuletzt wegen der Bezugnahme von Herrn Dr. ZAPP auf sein Thesenpapier.

Professor Dr. GERKE:

Innovationen in der Gründerzeit

Auch ich will nicht einem Börsen-Wild West das Wort reden oder zu den Zeiten umfangreicher Emissionsbetrügereien zurückkehren. Dennoch möchte ich darauf hinweisen, daß die Privatbankiers der Gründerzeit mehr Innovationen bewirkt haben als unsere heutigen Universalbanken. Nur darf man den Universalbanken für diese Entwicklung nicht die Alleinschuld zuschieben, denn die Umweltbedingungen haben sich in der Zwischenzeit nachhaltig verändert. Es ist sicherlich nicht unproblematisch, heute eine neue Gründerzeit propagieren zu wollen. Die Frage stellt sich dennoch, ob wir nicht gerade für die Zukunftstechnologien einen neuen, wieder stärker der Gründerphase entsprechenden Zeitgeist brauchen. Das Neuemissionsgeschäft könnte durchaus mit den Anlegerschutzüberlegungen des Kollegen HOPT in Einklang gebracht werden. Schon die Börsenemissionen der Gründerzeit hätten von derartigen Schutzmaßnahmen nur profitieren können. Ein neues Marktsegment, wie z. B. die Innovationsbörse, könnte das gesamte Emissionsgeschäft in einem bisher vernachlässigten Bereich beleben.

Innovationsbörse

Sicherlich war es ein wenig provokativ gemeint, Herr Dr. ZAPP, als ich sagte, die Universalbanken seien Interessenkonflikten ausgesetzt, zumal ich auf dem Standpunkt stehe, daß sie es eigentlich gar nicht sein dürften. Die Universalbanken müßten insbesondere auch angesichts ihrer eigenen niedrigen Eigenkapitalquoten an einer ausreichenden Eigenkapitalversorgung ihrer Kreditnehmer interessiert sein. Bei einem Teil ihrer riskanten Kredite tragen die Banken heute schon teilweise Risiken, wie sie eigentlich von Venture Capital Gesellschaften eingegangen werden sollten. Dabei partizipieren die Kreditinstitute anders als diese jedoch nicht an möglichen hohen Gewinnchancen, sondern insbesondere am überhöhten Ausfallrisiko. Ich leite aus der in der Vergangenheit zu beobachtenden Geschäftspolitik der Großbanken ein zu geringes Interesse an der Neuemission von Unternehmen ab. Eine Spezialbank eine Broker-Firma oder ein Emissionshaus, die von derartigen Geschäften leben müssen, hätten sie mit mehr Engagement betrieben.

Interessenkonflikte

Die genannten Interessenkonflikte haben in dem Moment etwas an Gewicht verloren, als ein neuer Konkurrent, den man sicherlich erst nicht ganz ernstgenommen hat, zu beweisen versuchte, daß sich das Neuemissionsgeschäft beleben läßt. Es überrascht nicht, daß erst ein Outsider mit seinem Eindringen in das Emissionsgeschäft die traditionellen Kreditinstitute dazu bewog, wieder verstärkt Neuemissionen durchzuführen. Heute ist das Emissionsgeschäft eines Outsiders schwieriger geworden, denn er wird jetzt mit der Emissionstätigkeit der Kreditinstitute verglichen. Zwar sind die Aktivitäten der Großbanken noch zu gering, sie haben jedoch schon ein Ausmaß erreicht, das den Outsidern nur dann eine Chance läßt, wenn hinter ihnen eine genügend große Kapitalkraft steht.

Konkurrenz im Emissionsgeschäft

Dr. ZAPP:

Rolle der Universalbanken

Herr Professor GERKE, zwischen uns bleibt ein Dissens bezüglich der Einschätzung der Rolle der Universalbanken in den letzten Jahren. Herr ERTL hat in früheren Veröffentlichungen und in einem anderen Zusammenhang in unserer gemeinsamen Diskussion zu Recht darauf hingewiesen, daß er seit 1973 erst einmal "Steinklopferarbeit" hat leisten müssen, um bei den Unternehmen überhaupt die Bereitschaft zum "Going Public" zu erzeugen.

Bereitschaft zum "Going Public"

Unser Haus hat seit Beginn der 70er Jahre, also nach dem Schock der Ölkrise - der ein auslösender Anlaß war - intensivst dieses Thema behandelt. Denken Sie nur einmal an meinen Kollegen und Sprecher des Vorstandes, Herrn CHRISTIANS, der sich wie der Rufer in der Wüste um dieses Thema bemüht hat. Die Bereitschaft zum "Going Public" fehlte und die Aufbruchstimmung im Bereich der kleinen und jungen Unternehmen gab es nicht. Die zur Zeit spürbare Aufbruchstimmung ist mit der Gründerzeit des letzten Jahrhunderts nicht vergleichbar.

Marktverkrustung

In den letzten Jahren war der Markt viel zu verkrustet, und es ging eigentlich mehr darum, die traditionellen Kunden zur Börse hin zu bringen. Daß dies nicht gelang, lag nicht, und das möchte ich mit aller Entschiedenheit betonen, an den Banken, auch nicht an einem Interessenkonflikt innerhalb der Banken, sondern es lag an der Gesamtlage. Daß wir nun erfolgreicher sind, ist wie bei Herrn ERTL nicht darauf zurückzuführen, daß uns plötzlich die Emissionswünsche von selbst ins Haus kommen, sondern es ist das Ergebnis konsequenter Arbeit, die wir seit Jahren in diesem Bereich betreiben. Wir haben dieses Thema als geschäftspolitische Vorstellung aufgenommen, wir besitzen das entsprechende Know-how und tragen es an die Kunden heran. Dies ist eine Überzeugungsarbeit und zugleich eine Kernarbeit, die man leisten muß. Das sollten Sie bitte als ein Statement für unser Haus zur Kenntnis nehmen.

aktive Emissionspolitik

Professor Dr. SCHMIDT:

Ausfallquote in den USA

Ich möchte noch einmal auf die zitierte Ausfallquote von 40 v. H. und auf die Wild West-Zeiten zurückkommen. Diese Quote hat mit Wild West und dem letzten Jahrhundert nichts zu tun. Sie bezieht sich vielmehr auf die jungen Unternehmen, die in den Jahren von 1968 bis 1973 in den USA erstmals Aktien an das Publikum ausgegeben haben. Diese insgesamt 3.784 Unternehmen haben zu den phänomenalen Renditen beigetragen, die die Venture Capital-Welle ausgelöst haben, die auch uns nun erfaßt hat. Bis zum 01. Januar 1981 waren 40 v. H. dieser Unternehmen aus den verschiedensten Gründen nicht mehr existent. Das ist nicht Historie, sondern der relativ aktuelle Hintergrund. Diese 40 v. H. kann man, Herr Dr. ERNST, nicht mit den 5. v. H. in England vergleichen, denn der Unlisted Security Market ist zweites Marktsegment und die 40 v. H. beziehen sich auf das dritte Marktsegment.

Ansehen der Börse

Der Ruf der US-Börse wurde durch die hohen Ausfälle nicht geschädigt, denn die 159 "Steinklopfer", die mehr als die zwei oder drei, die wir hier haben, bewirken, sind nicht Börsenmitglieder gewesen. Vielleicht war dies auch ganz gut so. Von diesen Emissionshäusern sind drei Viertel untergegangen. Drei Viertel, die an einem Flop beteiligt waren - das sollte man auch mal sehen.

Investmentbanking

Jedes Emissionshaus, sagt man, ist so gut wie seine letzte Emission. Manche Emissionshäuser starten eine größere Aktion und sind dann nie wieder aktiv. Deshalb scheint es mir überaus wichtig zu sein, wie es der Federal Reserve Board, die US-Small Business Administration und die NASD fordern, daß die Eintrittsbedingungen für das Investmentbanking niedrig gehalten werden. In der Bundesrepublik ist, wie ich vorhin schon sagte und von seltenen Ausnahmeentscheidungen abgesehen, ein Eigenkapital der Emissionshäuser von wenigstens 3 Mio DM notwendig. In den USA sind es 25.000 $, in England 500 Pfund. Allein aufgrund dieser Bedingungen ist schon gewährleistet, daß sich die Lücken, die in diesen "Chor der Steinklopfer" immer wieder gerissen werden, wieder füllen und daß dem Unternehmer genügend Emissionshäuser zur Verfügung stehen.

Herr Dr. ZAPP, ich habe gar nichts dagegen, daß Sie Ihre zu finanzierenden Unternehmen zunächst in eine Kapitalbeteiligungsgesellschaft einbringen, dort über einen längeren Zeitraum ihren Sicherheitsgrad beobachten, um sie dann, wenn Sie sicher sind, daß sie gut sind, an die Börse zu lassen. Das ist ein möglicher Weg. Das amerikanische Vorgehen, relativ früh auf die Märkte zu gehen, ist ein anderer, mehr Erfolg versprechender Weg.

Emissionshäuser

Er braucht eher kleine Emissionshäuser, wie wir sie hier in Deutschland nicht haben und aufgrund des Bankaufsichtsrechts eigentlich auch nicht haben können.

Professor Dr. PHILIPP:

Lassen Sie uns dieses Thema nun abschließen und auf eine speziellere Problematik zu sprechen kommen - die Frage nach dem Emissionspreis. Herr Dr. ZAPP, Sie haben vorhin die sehr schwierige Findung des richtigen Emissionspreises angesprochen. Ich frage mich, ob es abwegig ist, die Emissionspreisfindung über einen Marktpro-

Tenderverfahren

zeß zu versuchen. Ich denke dabei an das Tenderverfahren, wie es zum Teil in angelsächsischen Ländern propagiert wird. Wenn es funktioniert, und dazu hätte ich gerne auch die Meinung der Herren aus der Praxis gehört, dann wären wir einige Schwierigkeiten im Bereich von Neuemissionen los. Übrigens auch einige Schwierigkeiten, die heute in der Zuteilungsproblematik liegen.

Dr. ZAPP:

Dies sind zwei Themen. Erstens, wie findet man den richtigen Kurs bei der Börseneinführung und zweitens, ist die Art der Zuteilung korrekturfähig und durch ein Tenderverfahren machbar?

Emissionspreis

Den objektiv richtigen Emissionspreis gibt es nicht. Es existieren aber einige Kriterien und Punkte, die man beachten muß, wenn man einen Emissionspreis festlegt.

Kurs-Gewinn-Verhältnis

Als erstes kann man das Kurs-Gewinn-Verhältnis feststellen, indem man das derzeitige und das in naher Zukunft zu erwartende Ergebnis nach der DVFA-Methode (Deutsche Vereinigung für Finanzanalyse und Analyseberatung) bewertet und dann prüft, wie vergleichbare Unternehmen mit ähnlicher Kurs-Gewinn-Relation im Augenblick an der Börse gehandelt werden. Dies ist ein ziemlich objektives Verfahren, das von uns auch für Unternehmen, die wir an die Börse gebracht haben, angewandt wurde. Als Ausgangsbasis für Gespräche mit NIXDORF habe ich die DVFA-Methode selber benutzt. Dieses weitgehend akzeptierte Verfahren hängt natürlich sehr davon ab, wie die augenblickliche Börsenverfassung ist. Diese zwingt häufig zu ersten Korrekturen.

Emissionskredit

Zum zweiten müssen wir dem Unternehmen dazu verhelfen, einen eigenen Emissionskredit aufzubauen. Wie in meinen einleitenden Bemerkungen bereits erwähnt, geben wir dem Unternehmen das Emissionsstanding und die Plazierungskraft beim "Going Public". Das Unternehmen muß sich jedoch seinen langfristigen Emissionskredit selber schaffen. Dies erfordert einen gewissen Anreiz und eine gewisse Reserve im Kurspotential. Daher haben wir es immer für richtig gehalten, den Unternehmen, die an die Börse gehen wollen, einen kleinen Abschlag vom vergleichbaren Kurs-Gewinn-Verhältnis anderer Börsenaktien zuzumuten. Die Bundesbank hat dieses Vorgehen im letzten Jahr einmal kritisiert, jetzt hat sie diese Kritik jedoch zurückgenommen.

Tenderverfahren

Die Zuteilung ist in der Tat ein schwieriges Verfahren. Ich finde aber, daß man sowohl dem Unternehmen als auch dem Anleger einen Bärendienst erweisen würde, wenn man die Aktien im Tenderverfahren verkaufen würde. Diejenigen, die am meisten bezahlen, würden die Aktien erhalten, was zu einem zu hohen Einführungskurs des Unternehmens führen würde. Bei der Börseneinführung würde von diesem überhöhten Tenderkurs möglicherweise sehr schnell ein Abschlag gemacht. Die Entstehung eines

Verlust des Emissionskredits

Emissionskredits für das betreffende Unternehmen wäre damit schon in den ersten Tagen der Börseneinführung verloren.

Spekulation

Zuteilungsverfahren

Da wir zufriedene Anleger wünschen, und da wir eine gewisse Ruhe und möglichst viel Dauerbesitz schaffen und nicht die Spekulation in jeder Weise fördern wollen, müssen wir gegen das Tenderverfahren sein. Es begünstigt mehr die Spekulation als die Stabilisierung in der Aktionärsstruktur eines Unternehmens. Daher bleibt uns gar nichts anderes übrig, als bei den bisher praktizierten Verfahren zu bleiben. Da es ideale Lösungen nicht gibt, müssen wir nach unterschiedlichen Gesichtspunkten zuteilen. Manchmal steht bei kleineren Werten die regionale Komponente im Vordergrund. Bei anderen Zuteilungen limitieren wir. Reicht dies auch nicht, so losen wir aus, berücksichtigen bestimmte regionale Akzente oder auch Akzente etwa zugunsten von Arbeitnehmern, das ist von Fall zu Fall unterschiedlich.

Professor Dr. GERKE:

taktische Zeichnungen

Herr Dr. ZAPP, ich will Ihnen nicht aus Prinzip widersprechen. Vielleicht habe ich auch über die alternativen Plazierungsverfahren noch nicht genügend nachgedacht, aber ich möchte doch noch einmal zum Tenderverfahren zurückkommen. Ich selber habe PORSCHE und NIXDORF bei verschiedenen Banken in größerem Umfang gezeichnet, als ich eigentlich zu erwerben beabsichtigte, denn das Zuteilungsverfahren verführte auch mich zu taktischen Zeichnungen, welche das Tenderverfahren vermeiden würde.

Die Altinhaber eines Unternehmens, das neu an die Börse geht, müssen heute die Sorge haben, daß das Kreditinstitut seinen Emissionspreis drückt, um die Neuemission auf jeden Fall vollständig und für die Neuaktionäre mit Gewinn plazieren zu können. Nach dem Tenderverfahren wäre das Kreditinstitut aus dem Plazierungsobligo entlassen, indem es sich gegenüber den Altinhabern

Interessen- ausgleich

und Neuaktionären darauf berufen könnte, daß der Markt über die Plazierung und den Emissionspreis entschieden hat. Die Erstzeichner werden sich dann daran gewöhnen, daß die auf die Zeichnung folgenden Kurse nicht unbedingt Gewinnmitnahmen ermöglichen. Damit verhindert das Tenderverfahren gerade kurzfristige Spekulationen auf schnelle Zeichnungsgewinne und sorgt für einen Interessenausgleich zwischen Altinhabern und Zeichnern.

ERTL:

Tenderverfahren

Ich möchte ein paar kurze Bemerkungen zum Tenderverfahren anfügen. Als wir mit den Emissionen anfingen, haben wir uns die verschiedenen Zeichnungsverfahren angesehen und natürlich auch ganz genau das Tenderverfahren geprüft. In Frankreich wurde damals ausschließlich über das Tenderverfahren plaziert. Das dortige Ergebnis und die dortigen Erfahrungen haben gezeigt, daß der Tenderkurs auf eine Zeit von 12 bis 16 Monaten der höchste war. Der Anleger bekommt die Stücke, die er haben will, wenn er nur den Kurs genügend hoch ansetzt. Er muß aber davon ausgehen, daß in fast allen Fällen dieser Kurs auf ein Jahr der höchste sein wird. Wir hätten damals dieses Verfahren am Markt nicht durchsetzen können, weil es in Deutschland niemand akzeptiert hätte.

Auf der anderen Seite gebe ich Ihnen natürlich recht, daß man beim Tenderverfahren mit Sicherheit den exaktesten Marktpreis erzielt, und daß der Unternehmer hinterher nicht mehr behaupten kann, man hätte ihm einen zu niedrigen Preis gegeben. Aber wie gesagt, der Anleger ist derjenige, der zumindest auf 12 bis 16 Monate erst einmal einen niedrigen Kurs akzeptieren muß.

Dr. ERNST:

bester Marktpreis

Hier entsteht der Eindruck, als ob mit dem Tenderverfahren der beste Marktpreis erzielbar wäre. Den besten Marktpreis erzielen wir aber nur, wenn wir einen sehr breiten Markt für die Emission schaffen, d. h. es

Publizitätskosten

muß ihr sehr viel Publizität vorangehen. Dies gilt vor allem für die kleinen und mittleren Gesellschaften. Da Publizität Kosten verursacht, ist es fraglich, ob man bei kleineren Emissionen im Tenderverfahren einen sehr großen Erfolg erzielen kann.

Professor Dr. SCHMIDT:

Ich glaube, daß es *das* Tenderverfahren gar nicht gibt, obwohl wir - möglicherweise um Überzeichnungen zu vermeiden - hier darüber sprechen. Zur Verdeutlichung nehme man an, eine Emission werde im Tenderverfahren durchgeführt, und ein einziger Interessent böte für die ganze Emission. Einen einzigen Aktionär zu haben, ist sicherlich nicht der Sinn des "Going Public", und deshalb muß man hier sehr wohl differenzieren. Ich hatte aus einem anderen Anlaß die Gelegenheit, hierzu den Vorschlag eines diskretionären Tenderverfahrens zu machen, was eine Zwischenlösung zwischen dem heute üblichen Verfahren und dem sogenannten Tenderverfahren ist.

diskretionäres Tenderverfahren

In unserem Festpreissystem kommt es vor, daß der Emittent im nachhinein feststellt, daß er für seine Papiere 80 bis 100 v. H. hätte mehr bekommen können. Dies ist am Unlisted Securities Market durchaus schon vorgekommen, und ich halte das für äußerst ungünstig. Deshalb muß der Emittent selber entscheiden können, wieviel er für gute Aktionärsbeziehungen hergeben möchte und was ihm eine breite Aktienstreuung, die nachher die Aktivitäten am Zweitmarkt bestimmt, wert ist. D. h. der Emittent muß mit den bestehenden Möglichkeiten konfrontiert werden. Dazu ist es erforderlich, daß zunächst die Tenders auf dem Tisch liegen. Erst dann entscheidet der Emittent beim diskretionären Tenderverfahren zusammen mit seinem Emissionshaus, welcher Preis der angemessene ist.

Dr. ZAPP:

Plazierungen

Lassen Sie mich noch einen Gedanken zu den Erfahrungen der letzten zwei Jahre ausführen, die wir gerade mit der Plazierung hoch attraktiver Unternehmen gemacht haben. Unternehmen wie PORSCHE, NIXDORF und ähnliche wollen keinen Großaktionär, sondern eine breite Streuung. Das sieht man auch daran, daß solche Unternehmen lieber Vorzugsaktien emittieren als Stammaktien. Sie wollen auch, daß eine spätere Kapitalerhöhung durch eine breite Plazierung abgestützt ist. Die Möglichkeiten des Tenderverfahrens bleiben deswegen - auch in bezug auf das von Herrn Professor SCHMIDT vorgeschlagene diskretionäre Tenderverfahren - begrenzt. Der Vergleich anderer Unternehmen im Kursverhältnis ist ja schon eine Einschätzung des Unternehmens selbst, und dies tun wir in gewisser Weise auch, ebenso wie den Abzug eines kleinen Abschlags, um die Attraktivität zu steigern.

Prof. Dr. PHILIPP:

Zum erweiterten Meinungsaustausch bitte ich um Wortmeldungen aus dem Saal.

Heinz SAERBERG (Vorstandsmitglied der Gesellschaft für Wertpapierinter.):

In der Anwendung des Tenderverfahrens sehe ich juristische Schwierigkeiten. Deshalb würde ich mich hierzu der Position von Herrn Dr. ZAPP anschließen und mich gegen das Tenderverfahren aussprechen.

Dr. Fritz LAMB (Direktor der Deutschen Bank AG Mannheim):

Zu der Frage des Tenders brauche ich nichts mehr zu sagen. Herr Professor GERKE, ich weiß nicht, ob es richtig ist, ein Verfahren für gut zu halten, über das man noch nicht genügend nachgedacht hat. Lassen Sie

Interessen-
konflikt

mich aber zum ersten Teil der Diskussion, in dem unter anderem über einen Interessenkonflikt der Banken gesprochen wurde, etwas anmerken. Der Konflikt wurde ausschließlich unter dem Aspekt "Kredit und Eigenkapitalbildung" gesehen und nicht unter dem Aspekt "Interessenwahrung des Emittenten und des Anlegers". Wir müssen jedoch berücksichtigen, daß dieser Interessenkonflikt permanent ausgetragen werden muß, um die Sicherheit, die ein Anleger von einer Emission erwartet, auch tatsächlich zu garantieren. Daß der Faktor des Angebots und der Nachfrage nicht ganz ausgeschaltet werden kann, ist klar. Aber beim Emissionskurs und beim Standing, das wir mit einbringen, verläßt sich der Anleger auf das Emissionshaus. Wir müssen natürlich auch beurteilen können, inwieweit der Anleger beim Zeichnen der Aktien davon ausgehen kann, daß die Erwartungen, die er in das Unternehmen setzt, erfüllt werden. Hier gibt es einfach eine Differenzierung, die im Emissionshaus vorgenommen werden muß.

Bei den Überlegungen, ob man das amerikanische Over the Counter Verfahren in der Bundesrepublik einführen soll, muß man die Risiken, die dieses Verfahren mit sich bringt, berücksichtigen und der Tatsache Rechnung tragen, daß am Schluß die Hälfte der Unternehmen gar nicht mehr existieren. Bei der Entscheidung muß aber auch bedacht werden, ob man nicht bei unserem soliden deutschen Verfahren des Telefonhandels, des Freiverkehrs und des amtlichen Handels bleiben soll.

Prof. Dr. GERKE:

Sicherlich ist ein Kreditinstitut immer gut beraten, Interessenkonflikte so auszutragen, daß die Interessen des Kunden dabei nicht zu kurz kommen. Den von mir aufgezeichneten Konflikt zwischen Kredit- und Emissionsgeschäft kann man jetzt noch um einen weiteren Aspekt ergänzen, denn auch im Wertpapier- und Spargeschäft sind die Kreditinstitute ständigen Interessenkonflikten ausgesetzt. Für Banken mit relativ hohen Spareinlagen mit gesetzlicher Kündigungsfrist erweist es sich als wenig

Geld- und
Wertpapier-
sparen

attraktiv, ihre Kundschaft in das Wertpapiergeschäft hineinzuführen. Dies gilt insbesondere auch für zahlreiche Sparkassen. Ich mache den Kreditinstituten deshalb keinen Vorwurf, denn wir verlangen von anderen Wirtschaftssubjekten auch, daß sie an ihren Gewinn denken. Wir sollten jedoch bei der Propagierung der Aktie Interessenkonflikte nicht aus den Augen verlieren.

Dr. ZAPP:

Verhalten der Banken

Herr Professor GERKE, daß man einen solchen Interessenkonflikt sehen kann, daß er theoretisch besteht und daß er auch praktisch entstehen kann, ist nichts Neues. Damit leben wir seit über 100 Jahren. Wenn man das Ansehen, das Standing, die Entwicklung mancher Häuser und das Vertrauen, das die Kunden in ihre Bank haben, betrachtet, dann darf man davon ausgehen, daß dieser Interessenkonflikt immer, oder ganz überwiegend im Interesse des Kunden gelöst wurde. Sie haben zwar theoretisch recht, aber Sie halten Ihre Argumentation für die praktische Handhabung von Häusern, die das Vertrauen ihrer Kunden gewinnen und erhalten wollen, nicht durch.

Innovationsbörse

Im übrigen, Herr Professor GERKE, habe ich noch eine kleine Attacke auf Ihre 10. These des Einführungsreferates vor. Grundsätzlich befürworten Sie darin die dezentrale Situation in der deutschen Börsenlandschaft. Für die Innovationsproblematik verlangen Sie aber die Schaffung einer zentralisierten Innovationsbörse. Sie möchten also das ausgegliederte Börsensegment durch entsprechende Ausgestaltung und Führung Ihrer Innovationsbörse auf die speziellen Erfordernisse der Innovationsfinanzierung ausrichten.

WFG

Ich beschäftige mich seit zehn Jahren mit der Wagnisfinanzierung und habe auch die Deutsche Wagnisfinanzierungs-Gesellschaft mbH (WFG), deren Aufsichtsratsvorsitz ich heute innehabe, mitbegründet. Ich behaupte, daß nicht die Frage der Bereitstellung des Geldes Probleme bereitet, insbesondere nicht für Firmen, die bereits ein bestimmtes Standing aufweisen und jetzt an die Börse gehen wollen. Probleme bereitet das Auffinden junger Unternehmen, die bereit sind, diesen Weg mitzugehen und mit ihren Zukunftserwartungen im Zeitpunkt der Emission hinreichend abgesichert erscheinen. Dies geschieht dezentral genauso gut wie zentral. Dazu braucht man keine Innovationsbörse. Mit der Entwicklung neuer Instrumente ist das Problem nicht zu lösen, wir müssen vielmehr die vorhandenen Instrumente nutzen, um Menschen und Firmen dazu zu bringen, an die Börse zu gehen. Die alten, großen Unternehmen sollten dies in traditioneller Weise tun, die jungen Unternehmen in der Form von Privatplacements oder über die Zwischenschaltung von Kapitalbeteiligungs- bzw. von Wagnisfinanzierungsgesellschaften.

Prof. Dr. SCHMIDT:

Neutralisierung von Interessenkonflikten

Der beste Weg, Interessenkonflikte zu neutralisieren, ist erstens Information und zweitens Wettbewerb. Und diesen Wettbewerb muß man zunächst durch die entsprechende Verfassung der Zugangsbeschränkungen zulassen.

Analystenteam

Man hat sich am Parallelmarkt in Amsterdam immer wieder gewundert, warum der Londoner Parallelmarkt so gut funktioniert, während der Amsterdamer Parallelmarkt keinen so regen Zulauf zu verzeichnen hat. Als Grund hierfür gaben die holländischen Unternehmer das Vorhandensein eines Analystenteams bei den Merchant Banks in London an. Das Analystenteam ist durch die Mitwirkung von Naturwissenschaftlern in der Lage, ein Unternehmen richtiger zu bewerten. Ich glaube, diese Anregung sollte man verstärkt aufgreifen und vielleicht auch in deutschen Banken mehr Spezialisten in die Analystenteams aufnehmen, sofern dies nicht schon der Fall ist.

Prof. Dr. GERKE:

Innovationsbörse

Herr Dr. ZAPP, Sie sind der Meinung, daß man durch ein neues Instrument nichts bewirkt. Wenn aber die alten Instrumente wichtige Funktionen nicht mehr wahrnehmen, dann sollte man neue Instrumente testen.

Ich sehe in der Errichtung einer zentralen Innovationsbörse die Chance zur Börsennotierung junger Unternehmen, die höhere Ausfallquoten als andere Unternehmen aufweisen und möchte diese Börse deshalb aus Image- und Marketinggesichtspunkten bewußt außerhalb der traditionellen Finanzinstitutionen ansiedeln. Die großen Universalbanken suchen aufgrund ihres hohen Standings nur junge Unternehmen mit geringem Risiko. Diese finden Sie aber kaum im Hochtechnologiesektor. Innovationen beinhalten nun einmal zugleich hohe Gewinnchancen und hohe Verlustrisiken. Eine Innovationsbörse würde dies dem Anlegerpublikum am ehrlichsten verdeutlichen können, ohne damit andere Börsensegmente zu schädigen.

WFG

Sie haben die WFG zitiert. Kurz nach deren Gründung habe ich in der Zeitschrift für das gesamte Kreditwesen die Verträge der WFG analysiert und ihr damals prognostiziert, daß sie mit Renditebeschränkungen und einseitigen Kündigungsklauseln keine Erfolge erzielt. Genau das ist eingetreten. Da die WFG ihre Beteiligungspolitik mit dem kreditwirtschaftlichen Instrumentarium einer Bank betrieben hat, konnte sie nicht reussieren. Erfreulicherweise demonstriert gerade die Deutsche Bank in der letzten Zeit mit ihrer eigenen Kapitalbeteiligungsgesellschaft und mit ihrer Einflußnahme auf die WFG eine neue erwerbswirtschaftlich orientierte Geschäftspolitik. Eine Universalbank mit den heutigen niedrigen Eigenkapitalquoten, mit dem hohen Anteil treuhänderisch verwalteter Gelder und mit Zinsmargen, die nur niedrige Risikobestandteile enthalten, kann nur noch beschränkt der geeignete Partner für die Risikokapitalaufbringung junger Unternehmen sein. Deshalb brauchen wir neue Finanzierungsinstrumente wie Venture Capital Gesellschaften und die Innovationsbörse.

Dr. ERNST:

Der Diskussionsverlauf kommt mir ein bißchen einseitig vor. Zum einen habe ich den Eindruck, daß hier insbesondere die Banken als die Einzigen zur Tätigkeit aufgerufen werden. Zum anderen wird die Vorstellung erzeugt, als ob Anderen von den Banken und Börsen irgendwelche Hemmschwellen in die Wege gelegt würden. Herr ERTL, Sie werden mir recht geben, und ich glaube, Herr Professor SCHMIDT, Sie müssen das genauso tun, daß der Telefonverkehr, der kein Teil der Börse, sondern ein Marktsegment ist, das sich im Vorhof der Börse abspielt, auch für Häuser wie das von Herrn ERTL vertretene offen steht. Dort gibt es - und das muß man noch einmal der Deutlichkeit halber hier sagen - weder ein Antragsverfahren noch einen Prospekt.

keine Hemmschwellen

Daß eine Notwendigkeit besteht, neue Wege zu beschreiten, habe ich schon gesagt. Aber daß es Herrn ERTL und der Deutschen Bank gelungen ist, insbesondere wieder neue Emissionen an den Markt heranzubringen, liegt wahrscheinlich in erster Linie daran, daß sich das Umfeld seit den 70er Jahren deutlich gewandelt hat. In den 70er Jahren haben wir unter einem gesellschaftspolitischen Umfeld gelitten, das mit seiner Gewinnverteufelung nicht gerade dafür geeignet war, eine Börse zu befruchten. Viele Komponenten, die unter anderem von Herrn LEICHT sehr deutlich angesprochen wurden, haben die Unternehmer daran gehindert, das Börseninstrument zu benutzen. Wir sind deshalb gegenüber anderen Ländern in Rückstand geraten.

Börsenumfeld

Anlegerseite

Dasselbe gilt auch für die Anleger. Wir haben in der Bundesrepublik einen Wohlfahrtsstaat, dessen soziales Netz immer noch eines der besten auf der Welt ist. Nehmen Sie z. B. die Regelung der Altersversorgung. In den Vereinigten Staaten muß der einzelne wesentlich mehr darüber nachdenken, wie er seine Vorsorge trifft und was er mit den Geldern tut, die wir etwa in die Rentenversicherung einzahlen, um sicher zu stellen, daß er auch im Alter versorgt ist. Diese Anmerkungen sollen nicht heißen, daß man keine neuen Wege gehen soll. Man muß dabei nur das ganze Umfeld ansprechen, weil sonst meiner Meinung nach ein zu einseitiges Bild entsteht.

ERTL:

Diskriminierung

Herr Dr. ERNST, Sie haben das Problem der Diskriminierung angesprochen. Mit dem bisherigen System konnten wir eigentlich ganz gut leben. Wir haben erreicht, daß Firmen im ungeregelten Freiverkehr, im Telefonverkehr, im geregelten Freiverkehr und im amtlichen Handel mit Hilfe der Banken notiert wurden. Auf der anderen Seite muß ich jedoch ein ganz aktuelles Problem ansprechen, denn wir bekommen jetzt in München im ungeregelten Freiverkehr Schwierigkeiten. Ab dem 01. Februar dieses Jahres soll in München nur noch ein börsenbegleitendes Kreditinstitut Firmen in den ungeregelten Freiverkehr einführen können. Wir haben zwar die Möglichkeit, mit Firmennotierungen z. B. nach Hamburg und Frankfurt auszuweichen. Dieser Vorgang zeigt aber, daß wir als Außenseiter nicht voll akzeptiert sind und daß man uns den Zugang zu den verschiedenen Börsenmärkten versperren kann.

SCHLUSSWORT

Zum Abschluß der Podiumsveranstaltung dankte der Diskussionsleiter, Herr Professor Dr. PHILIPP, allen Teilnehmern sowie dem Initiator des Symposions und seinen Mitarbeitern für ihr Engagement. Das Symposion habe den Meinungsaustausch gefördert, Denkanstöße und Impulse vermittelt und versucht, offene Fragen der Risikokapitalaufbringung einer Lösung näherzubringen.

Gesamtinhaltsverzeichnis

zusammengestellt von Diplom-Volkswirt Manfred A. SCHÖNER

Die aufgeführte Literaturliste enthält zunächst die den verschiedenen Beiträgen dieses Buches zugrunde gelegten Quellen. Darüber hinaus wird ein aktueller und umfassender Überblick der neueren Veröffentlichungen zum Thema "Risikokapital über die Börse" gegeben.

ABERNATHY, W. J./UTTERBACK, J. M., Pattern of Industrial Innovation, in: Technology Review, 80. Jg., June/July 1978, S. 41 - 47

ADEL, M. van den, Der "Parallelmarkt" der Amsterdamer Wertpapierbörse, in: Zeitschrift für das gesamte Kreditwesen, 35. Jg., 1982, Heft 19, S. 882 - 884

ADELBERGER, O. L., SIMULFIN - Die Finanzwirtschaft der Unternehmung als Simulationsexperiment, Teil I: Textband, Teil II: EDV-Materialien, Schriftenreihe Informatik und Operations Research, Bd. 4, Darmstadt 1976

ALBACH, H., Kapitalaustattung und Entwicklung der Wirtschaft, Bonn, Juli 1982

ALBACH, H., Die Bedeutung mittelständischer Unternehmen in der Marktwirtschaft, in: ZfB, 53. Jg., 1983, S. 870 - 888

ALBACH, H., Venture Capital Firmen in Japan und den USA, in: ZfB, 53. Jg., 1983, Heft 10, S. 993 - 1002

ALBACH, H., Innovation für Wirtschaftswachstum und internationale Wettbewerbsfähigkeit, in: 1. Akademie-Forum: Technische Innovation und Wirtschaft, Opladen 1983, S. 9 - 58

ALBACH, H. et al., Zur Versorgung der deutschen Wirtschaft mit Risikokapital, in: Ifm-Materialien Nr. 9, Bonn 1983

ALTER, R., Steuerpolitische Aspekte der Technologieförderung - Vier grundsätzliche Bemerkungen, in: E. Heilmayr (Hrsg.), Workshop '83, Venture Capital für junge Technologieunternehmen, Haar bei München 1983, S. 193 - 199

ARNOLD, W., Zur Diskussion über die Struktur der mittelständischen Eigenkapitalnachfrage, in: P. R. Wossidlo (Hrsg.), Die Finanzierung mittelständischer Unternehmungen in Deutschland, Berlin 1985, S. 164 - 178

ASSMANN, L., Mittelstand, Innovation und staatliche Forschungs- und Technologiepolitik, Göttingen 1979

BAUMANN, G., Der Second Marché, in: Die Bank, 9. Jg., 1985, Heft 12, S. 624 - 625

BAUMBACH-DUDEN-HOPT, Handelsgesetzbuch, 26. Aufl., München 1985

BAZIAS, F., Produktion und Verbreitung der technologischen Innovation im Bereich der mittelgroßen Industrieunternehmungen (griechisch), Kongreß von Hommeh, Athen, Juni 1983

BERGERHOF, W., Die Anforderungen mittlerer Unternehmungen an Finanzierungsformen mit Eigenkapital, in: P. R. Wossidlo (Hrsg.), Die Finanzierung mittelständischer Unternehmungen in Deutschland, Berlin 1985. S. 156 - 163

BIERICH, M., Der Einfluß der Besteuerung auf die Kapitalbeschaffung der Unternehmen, in: ZfbF, 35. Jg., 1983, S. 41 - 60

BIERICH, M./SCHMIDT, R. (Hrsg.), Finanzierung deutscher Unternehmen heute, Diagnose und Vorschläge zur Verbesserung der Kapitalstruktur, Stuttgart 1984

BITZER, K., Der Mittelständische Unternehmer, Diss. Berlin 1977

BLEIER, E., Insolvenzprognose aus den Jahresabschlüssen nicht publizitätspflichtiger Unternehmen, in: Journal für Betriebswirtschaft, 33. Jg., 1983, S. 42 - 56

BLEY, S., Börsen der Welt. Handbuch des internationalen Wertpapierhandels, Frankfurt/M. 1977

BÖHM-BAWERK, E. v., Kredit und Kapitalzins, Teil II: Positive Theorie des Kapitals, 4. Aufl., Bd. 1, Jena 1921

BÖRSENSACHVERSTÄNDIGENKOMMISSION BEIM BUNDESFINANZMINISTERIUM, Vorschläge zur Erleichterung des Zugangs von Unternehmen zur Börse durch Schaffung eines neuen Marktes, Berlin 1983

BOTTLER, J.. Die Automatisierung und Zentralisierung der Wertpapierbörse mittels einer Elektronischen Datenverarbeitungsanlage (EDVA), Diss. München 1967

BRADFORD, D. F., The Incidence and Allocation Effects of a Tax on Corporate Distributions, in: Journal of Public Economics, Vol. 15, 1981, S. 1 - 22

BRANDNER, W., Invention, Innovation und Wettbewerb, Diss. Erlangen-Nürnberg 1973

BRENNER, W., Genußscheine als Instrument der Innovationsfinanzierung, in: BFuP, 37. Jg., 1985, Heft 5, S. 438 - 452

BREPOHL, K./ROTHER, H.-W., Akzeptanz und Nutzen sowie Wirkungen von Bildschirmtext. Die Begleituntersuchung zu den Bildschirmtext-Feldversuchen in Kurzfassung. hrsg. v. Bildschirmtext-Anbieter-Vereinigung, Berlin 1984

BROOM, H./LONGENECKER, J. G./MOORE, C. W., Small Business Management, 6th ed., Cincinnati 1983

BROWN, F. C., Business-Income-Taxation and Investment Incentives, in: L. A. Metzler u. a. (Eds.), Income, Employment on Public Policy, Essays in Honor of A. H. Hansen, New York 1948, S. 300 - 316

BRUNS, G./HÄUSER, K. (Hrsg.), Der nichtorganisierte Kapitalmarkt, Frankfurt/M. 1983

BUCH, Th., Die Eigenmittelausstattung der Unternehmen, in: P. R. Wossidlo (Hrsg.), Die Finanzierung mittelständischer Unternehmungen in Deutschland. Berlin 1985, S. 97 - 111

BÜSCHGEN, H. E., Venture Capital - der deutsche Ansatz, in: Die Bank, 1985, Heft 5, S. 220 - 227

BUNDESMINISTER FÜR WIRTSCHAFT, Stellungnahme zur Verbesserung der Eigenkapitalausstattung der Unternehmen, in: Zeitschrift für Wirtschaftsrecht, 5 Jg., 1984, Nr. 1, S. 116 - 121

CASSIER, S. C., Die spezifischen Finanzierungsmöglichkeiten der mittelständischen Unternehmungen, in: P. R. Wossidlo (Hrsg.), Die Finanzierung mittelständischer Unternehmungen in Deutschland, Berlin 1985. S. 298 - 313

CHAN, Y.-S., On the Positive Role of Financial Intermediation in Allocation of Venture Capital in a Market with Imperfect Information, in: The Journal of Finance, Vol. 38, 1983, No. 5, S. 1543 - 1568

CHRISTIANS, F. W., Die Eigenkapitalknappheit in der Wirtschaft, in: Zeitschrift für das gesamte Kreditwesen, 36. Jg., 1983, Heft 23, S. 1077 - 1080

CHRISTIANS, F. W., Die Heranführung von Familienunternehmen an die Börse - Vorbereitende Analysen in einer Universalbank -, in: DBW, 43. Jg., 1983, S. 177 - 182

CHRISTIANS, F. W., Die Aktienemission und ihre künftigen Chancen, in: G. Bruns/K. Häuser (Hrsg.), Probleme des Kapitalmarktes, Nr. 24. Institutionen des deutschen Kapitalmarktes, Frankfurt/M. 1984, S. 32 ff.

CLAUSSEN, C. P., Die Rolle des Kapitalmarktes und der Börsen bei der Technologiefinanzierung. in: E. Heilmayr (Hrsg.), Workshop '83,

Venture Capital für junge Technologieunternehmen, Haar bei München 1983, S. 35 - 50

CLAUSSEN, C. P., Der neue zweite Markt. Über die Notwendigkeit und Gestaltungsmöglichkeiten eines neuen Wertpapiermarktes, in: Zeitschrift für Unternehmungs- und Gesellschaftsrecht, 13. Jg., 1984, Heft 1, S. 1 - 22

COMMISSION DES OPERATIONS DE BOURSE, Textes concernant le Second Marché, Paris Janvier 1983

COMMISSION OF THE EUROPEAN COMMUNITIES, Special stock market segments for small company shares: Capital reasing mechanism and exit route for investors in new technology-based firms, H. Schmidt et al., EUR 9.235, Luxembourg 1984

DANNHORN, H.-P., Protokoll zum Arbeitskreis III, in: E. Heilmayr (Hrsg.), Workshop '83, Venture Capital für junge Technologieunternehmen, Haar bei München 1983, S. 203 - 207

DEGNER, H., Neuer Spezialmarkt, Börse braucht zügige Realisierung, in: Handelsblatt Magazin, 30.09.1983, Nr. 1, S. 42 - 44

DELBRÜCK, J., "Kapitalmarktreife" - Der Unternehmer und der Schritt in den Aktienmarkt -, in: E. Heilmayr (Hrsg.), Workshop '83, Venture Capital für junge Technologieunternehmen, Haar bei München 1983, S. 141 - 147

DELORME, H., Automation im Wertpapierhandel, hrsg. v. Vorstand der Frankfurter Wertpapierbörse, Frankfurt/M. 1982

DEUTSCHE BANK, Stellungnahme zu den Vorschlägen der Börsensachverständigenkommission, Verbesserung der Eigenkapitalfinanzierungsmöglichkeiten der Unternehmen durch eine Verbreitung der börsennotierten Beteiligungsformen, Frankfurt/M., 04.08.1983

DEUTSCHE BUNDESBANK, Jahresabschlüsse der Unternehmen in der Bundesrepublik Deutschland 1965 bis 1981, Sonderdrucke der Deutschen Bundesbank Nr. 5, 3. Aufl., Frankfurt, September 1983

DEUTSCHE BUNDESBANK, Die Sparquote der privaten Haushalte in der Bundesrepublik Deutschland im internationalen Vergleich, Monatsberichte der Deutschen Bundesbank, Frankfurt/M., Januar 1984, S. 30 - 35

DEUTSCHE BUNDESBANK, Der Aktienmarkt in der Bundesrepublik Deutschland und seine Entwicklungsmöglichkeiten, Monatsberichte der Deutschen Bundesbank, Frankfurt/M., April 1984, S. 12 - 21

DEUTSCHE BUNDESBANK, Ertragslage und Finanzierungsverhältnisse der Unternehmen im Jahre 1983, Monatsberichte der Deutschen Bundesbank, Frankfurt/M., November 1984, S. 13 - 25

DEUTSCHE BUNDESBANK, Unternehmensfinanzierung in Großbritannien und in der Bundesrepublik Deutschland, Monatsberichte der Deutschen Bundesbank, Frankfurt/M., November 1984, S. 35 - 46

DEUTSCHER JURISTENTAG, Beschlüsse des 55. Deutschen Juristentages in Hamburg 1984, Abteilung Wirtschaftsrecht, Neue Juristische Wochenschrift 1984, S. 2679

DIEBOLD Deutschland GmbH (Hrsg.), Bildschirmtext 1983, Stand und Entwicklungstendenzen 1983 - 1988, Frankfurt/M. 1983

DIETZ, P., Finanzierung der Innovation in mittleren und kleinen Unternehmen, in: ZfbF-Sonderheft 11, 32. Jg., 1980, S. 43 - 47

DIETZEL, C., Die Besteuerung der Aktiengesellschaften in Verbindung mit der Gemeindebesteuerung, Köln 1859

DOLCH, V., Aktuelle Finanzierungserfahrungen einer deutschen Elektronik-Unternehmung, in: P. R. Wossidlo (Hrsg.), Die Finanzierung mittelständischer Unternehmungen in Deutschland, Berlin 1985, S. 112 - 117

DONOVAN, J. (Hrsg.), Financing Growth Oriented Ventures - Where the Money Is, in: Business Lawyer, Vol. 39, 1984, S. 647 - 676

EDER, Th., Bildschirmtext als betriebliches Informations- und Kommunikationssystem, 2. Aufl., Heidelberg 1984

EGGESIECKER, F., Voraussetzungen, Möglichkeiten und Gefahren der Nutzung steuerbegünstigter Kapitalanlagen für die Innovationsfinanzierung, in: E. Heilmayr (Hrsg.), Workshop '83, Venture Capital für junge Technologieunternehmen, Haar bei München 1983, S. 173 - 183

EILENBERGER, G., Zur Notwendigkeit von Venture Capital-Finanzierungen, in: Die Bank, 1984, Heft 4, S. 184 - 189

EIZENGA, W./PFISTERER, H., Tendenzen im Börsenwesen. Neue Instrumente und Märkte, mehr Wettbewerb, in: Sparkasse, 102. Jg., 1985, Heft 12, S. 470 - 473

ENGELS, W./FELS, G./GUTOWSKI, A./STÜTZEL, W./WEIZSÄCKER, C. C. VON/WILLGERODT, H. (Kronberger Kreis), Vorschläge zu einer "Kleinen Steuerreform", Schriften des Frankfurter Instituts für wirtschaftspolitische Forschung e. V., o. O., o. J.

ENGELS, W./FELS, G./GUTOWSKI, A./STÜTZEL, W./WEIZSÄCKER, C. C. VON/WILLGERODT, H. (Kronberger Kreis), Mehr Beteiligungskapital, Schriften des Frankfurter Instituts für wirtschaftspolitische Forschung e. V., Bad Homburg, Dezember 1983

ENGELS, W./STÜTZEL, W., Teilhabersteuer. Ein Beitrag zur Vermögenspolitik, zur Verbesserung der Kapitalstruktur und zur

Vereinfachung des Steuerrechts, 2. überarbeitete Aufl., Frankfurt/M. 1968

ERNST, G., Erleichterung des Börsenzugangs, in: E. Heilmayr (Hrsg.), Workshop '83, Venture Capital für junge Technologieunternehmen, Haar bei München 1983, S. 149 - 153

ERTL, B., Der Gang an die Börse, in: Deutsche Vereinigung für Finanzanalyse und Anlageberatung (Hrsg.), Beiträge zur Aktienanalyse Nr. 11, Darmstadt 1972

ERTL, B., Die Bundesrepublik - Entwicklungsland auf dem Kapitalmarkt? Möglichkeiten zur Aktivierung des Neuemissionsmarktes, in: E. Heilmayer (Hrsg.), Workshop '83, Venture Capital für junge Technologieunternehmen, Haar bei München 1983, S. 135 - 139

ERTL, B., Die Aktiengesellschaft: Von der Umwandlung bis zum Andie-Börse-gehen, Manuskript eines Vortrags anläßlich des 1. Internationalen IC Venture Capital Congresses vom 21.-22.10.1983 in München

ERTL, B., Mehr Mut zur Börse, in: Zeitschrift für das gesamte Kreditwesen, 37. Jg., 1984, Heft 4. S. 144 - 146

ERTL, B., Die Einführung mittelständischer Unternehmen an die Börse - Techniken und Erfahrungen - in: P. R. Wossidlo (Hrsg.), Die Finanzierung mittelständischer Unternehmungen in Deutschland, Berlin 1985, S. 234 - 249

FAMA, E. F., Efficient Capital Markets: A Review of Theory and Empirical Work. In: The Journal of Finance, Vol. 25, 1970, No. 5, S. 383 - 417

FAMA, E. F./JENSEN, M. C., Separation of Ownership and Control, in: Journal of Law & Economics, Vol. 26, 1983, S. 301 - 326

FANSELOW, K.-H., Zu Innovationen gehört Eigenkapital - Wie sich die WFG an mittelständischen Unternehmen beteiligt - in: P. R. Wossidlo (Hrsg.), Die Finanzierung mittelständischer Unternehmungen in Deutschland, Berlin 1985, S. 337 - 344

FREYER, E., Die Kapitalbeteiligungsgesellschaft als Instrument der Wirtschaftspolitik, Frankfurt/M. 1981

FRITSCH, U., Mehr Unternehmen an die Börse. Bedeutung und Möglichkeiten der Publikums-Aktiengesellschaft, Köln 1978

FRITSCH, U., Die Eigenkapitallücke in der Bundesrepublik, Köln 1981

FRITSCH, U., Aktienförderung international, Köln 1983

FRITSCH, U., Mittelständische Unternehmen - Kandidaten für die Börse?, in: P. R. Wossidlo (Hrsg.), Die Finanzierung mittelständischer Unternehmungen in Deutschland, Berlin 1985, S. 221 - 233

GAUGLER, E./GROOS, W. H./WEBER, B., Mitarbeiter-Kapitalbeteiligung in Baden-Württemberg, Spardorf 1983

GERKE, W., Erwerbswirtschaftliche Kapitalbeteiligungsgesellschaften - Ein Konzept mit Zukunft, in: Blätter für Genossenschaftswesen, 119. Jg., 1973, Heft 2, S. 17 - 24

GERKE, W., Beteiligungszertifikate und Beteiligungsparten - Zwei neue Anlage- und Finanzierungsinstrumente, in: Blätter für Genossenschaftswesen, 119. Jg., 1973, Heft 3, S. 33 - 40 und 45 - 52

GERKE, W., Kapitalbeteiligungsgesellschaften. Ihre Problematik und ihre gesetzliche Regelung, Frankfurt/M. - Zürich 1974

GERKE, W., Was kann die Wagnisfinanzierungs-GmbH (WFG) leisten?., in: Zeitschrift für das gesamte Kreditwesen, 28. Jg., 1975, Heft 16, S. 761 - 764

GERKE, W., Der Kapitalmarktzutritt nicht-emissionsfähiger Unternehmen, in: Die Kapitalbeteiligungsgesellschaft in Theorie und Praxis. Festschrift zum 60. Geburtstag von H. J. Krahnen, hrsg. v. K. Schlegelmilch/K. Juncker, Frankfurt/M. 1976, S. 115 - 139

GERKE, W., Gleitklauseln im Geld- und Kapitalverkehr. Mark = Mark?, Wiesbaden 1980

GERKE, W., Liquidation und Konzentration innovativer Unternehmen - Schuld bestehender Finanz-Institutionen, in: Unternehmenskrisen - Ursachen, Frühwarnung, Bewältigung. Pfingsttagung 1979 des Verbandes der Hochschullehrer für Betriebswirtschaft e.V., hrsg. v. R. Bratschitsch u. a., Stuttgart 1981, S. 301 - 317

GERKE, W., Der mittelständische Unternehmer im gesellschaftspolitischen Wandel und seine Zukunftssicherung durch Subventionen, in: Tradition und Entwicklung. Gedenkschrift für J. Riederer, hrsg. v. K.-H. Pollok, Passau 1981, S. 205 - 228

GERKE, W., Die Rolle der Kapitalbeteiligungsgesellschaften und Kreditinstitute bei der Technologiefinanzierung - Innovationsbörse Berlin, in: E. Heilmayr (Hrsg.), Workshop '83, Venture Capital für junge Technologieunternehmen, Haar bei München 1983, S. 25 - 34

GERKE, W., Genußscheine. Finanzierungsinstrumente mit großer Gestaltungsfreiheit, in: WiSt, 12. Jg., 1983, Heft 10, S. 527 - 529

GERKE, W., Mittelständischen Unternehmen besseren Zugang zum Risikokapital eröffnen, in: Kapital, Zins, Währung, hrsg. v.

Deutscher Industrie- und Handelstag, DIHT-Nr. 214, 1984, S. 47 - 49

GERKE, W., Möglichkeiten der Innovationsfinanzierung im Rahmen von Technologiezentren, in: Die ganzheitlich-verstehende Betrachtung der sozialen Leistungsordnung. Ein Beitrag zur Ganzheitsforschung und -lehre, in: Festschrift zum 60. Geburtstag von J. Kolbinger, hrsg. v. W. Bühler u. a., Wien - New 1985, S. 425 - 438

GERKE, W., Die Sicherung der Innovationsfähigkeit mittelständischer Unternehmen durch Neuorientierung aller Gesellschaftsgruppen, in: Betriebswirtschaftslehre mittelständischer Unternehmen, hrsg. v. H. Albach/T. Held, Stuttgart 1984, S. 106 - 121

GERKE, W., Die Akzeptanz der Kapitalbeteiligungsgesellschaft im Mittelstand, in: P. R. Wossidlo (Hrsg.), Die Finanzierung mittelständischer Unternehmungen in Deutschland, Berlin 1985, S. 314 - 336

GERKE, W., Die Verbesserung der Wettbewerbsfähigkeit durch Bereitstellung von Risikokapital, in: WiSt, 14. Jg., 1985, Heft 7, S. 359 - 362

GERKE, W./HEILIG, K., Das Polaritätendiagramm als Methode zur Bestimmung der Risikoneigung, in: Psychologie und Praxis, Bd. 19, Juli/September 1975, S. 107 - 116

GERKE, W./PHILIPP, F., Nachrangige Verbindlichkeiten - Bestandteil des haftenden Eigenkapitals, in: Zeitschrift für das gesamte Kreditwesen, 34. Jg., 1981, Heft 8, S. 306 - 308

GERKE, W./PHILIPP, F., Finanzierung, Stuttgart - Berlin - Köln - Mainz 1985

GLADSTONE, D., SBA Programs for Financing a Small Business, in: S. Pratt (Ed.), How to raise venture capital, New York 1982, S. 54 - 62

GLASSMEYER, E., Venture Financing Techniques, in: S. Pratt (Ed.), How to raise venture capital, New York 1982, S. 127 - 133

GOLDBERG, W. H., Die Pflege innovativer Ideen - Empirische Beobachtungen systematisiert, in: DBW, 44. Jg., 1984, Heft 4, S. 565 - 577

GOLDER, S. C., Structuring and pricing the financing, in: S. Pratt (Ed.), Guide to Venture Capital Sources, Wellesley Hills 1984, S. 47 - 56

GOLDMANN, W., Innovation und Venture Capital in den USA, in: Wirtschaft und Gesellschaft, 9. Jg., 1983, Heft 2, S. 269 - 286

GRUHLER, W., Aspekte der Eigenkapitalausstattung deutscher Unternehmen unter besonderer Berücksichtigung der Unternehmensgröße, der Rechtsform und des Wirtschaftsbereichs, in: P. R. Wossidlo (Hrsg.), Die Finanzierung mittelständischer Unternehmungen in Deutschland, Berlin 1985, S. 63 - 96

GUYON, Y., Die neuere Entwicklung des französischen Gesellschaftsrechts, in: Zeitschrift für Unternehmens- und Gesellschaftsrecht, 14. Jg., 1985, S. 74 - 101

HAFNER, K., Die Möglichkeiten des Home Banking und sein Einfluß auf die Geschäftspolitik der Kreditinstitute, Frankfurt/M. 1984

HAKANSSON, N./AURAHAM, B./KALE, J., On the Feasibility of Automated Market Making by a Programmed Specialist, in: The Journal of Finance, Vol. 40, 1985, No. 1, S. 1 - 20

HAMKE, F., Steuerliche Ansatzpunkte zur Erschließung von Risikokapital für junge Technologieunternehmen, in: E. Heilmayr (Hrsg.), Workshop '83, Venture Capital für junge Technologieunternehmen, Haar bei München 1983, S. 163 - 171

HANSEN, H., Hessens Wirtschaftsminister zum Freiverkehr. Die Aktiengesellschaft, in: AG-Report, 1984, Heft 12, S. 284 - 285

HANUSCH, H., Anatomy of Government Deficiencies, Berlin - Heidelberg - New York - Tokio 1983

HAUSCHILDT, J./SACHS, G./WITTE, E., Finanzplanung und Kontrolle, München 1981

HEILMAYR, E. (Hrsg.), Workshop '83, Venture Capital für junge Technologieunternehmen: 9. und 10.06.1983 im ICC Berlin, veranstaltet durch das Bundesministerium für Forschung und Technologie (BMFT) und Senator für Wirtschaft und Verkehr, Berlin, Haar bei München 1983

HEINE, W., Die Hacker, Reinbek bei Hamburg 1985

HENCKEL, D., Science Parks, Gründerzentren. Kurzinformation des Deutschen Instituts für Urbanistik, Berlin 1984

HERLITZ, P., Der Gang an die Börse, in: Zeitschrift für das gesamte Kreditwesen, 35. Jg., 1982, Heft 5, S. 172 - 175

HIELSCHER, U., Börsen der Bundesrepublik Deutschland, in: G. Obst, Geld-, Bank- und Börsenwesen, 37. Aufl., hrsg. v. N. Kloten und J. v. Stein, Stuttgart 1980, S. 804 - 862

HIELSCHER, U./DORN, G./LAMPE, G., Innovationsfinanzierung mittelständischer Unternehmen, Stuttgart 1982

HILL, Ch. T./UTTERBACK, J. M. (Eds.), Technological Innovations for a Dynamic Economy, New York 1979

HOLMAN, W./YOUNG, A., Small Business in the United States: Failures and Public Financing, in: Strathclyde Convergencies, Issues in Accountability, 1983, No. 9, S. 31

HOPT, K. J., Der Kapitalanlegerschutz im Recht der Banken. Gesellschafts-, bank- und börsenrechtliche Anforderungen an das Beratungs- und Verwaltungsverhalten der Kreditinstitute, München 1975

HOPT, K. J., Inwieweit empfiehlt sich eine allgemeine gesetzliche Regelung des Anlegerschutzes? Gutachten G zum 51. Deutschen Juristentag, München 1976

HOPT, K. J., Vom Aktien- und Börsenrecht zum Kapitalmarktrecht?, in: Zeitschrift für das gesamte Handelsrecht und Wirtschaftsrecht, 140. Jg., 1976, S. 202

HÜHNERT, S./ROBL, K., Zur Finanzierung von Innovationen in mittelständischen Industriebetrieben, Göttingen 1981

IMMENGA, U., Kapitalmarkt und Unternehmensmarkt, in: Niedersächsische Börse zu Hannover (Hrsg.), Die Börse und ihr Umfeld, Frankfurt/M. 1981, S. 19 - 36

JACOBS, O.-H./BREWI, J./SCHUBERT, R., Steueroptimale Rechtsform mittelständischer Unternehmen. Ein Steuerbelastungsvergleich der wichtigsten Rechtsformen, München 1978

JANOWSKI, W., Computergestützte Anlage und Vermögensberatung, München - Florenz 1982

KAMP, M. E./MAY, E., Kleine und mittlere Unternehmen im Forschungs- und Entwicklungsprozeß, in: ZfB, 51. Jg., 1981, S. 347 - 369

KANN, G., Die Finanzierungssituation kleiner und mittlerer Unternehmen im Konjunkturverlauf, Nr. 76 der Schriftenreihe zur Mittelstandsforschung, Göttingen 1978

KAPS, R. U., Die Wirkung von Bildschirmtext auf das Informationsverhalten der Konsumenten, Gröbenzell bei München 1983

KARSCH, W., Neuemissionen: Publicity für die Aktie, in: Die Bank, 1985, Heft 1, S. 41 - 43

KAU, W. M., Venture Capital & Going Public, Unternehmensfinanzierung in den USA, Köln u. a. 1984

KAY, J. A./KING, M. A., The British Tax System, Oxford 1978

KLAGES, J., Die Richtlinie der EG über den Börsenzulassungsprospekt, Baden-Baden 1981

KOCH, U., Maßnahmen zur Verbesserung der Eigenkapitalausstattung der Unternehmung, in: Zeitschrift für Rechtspolitik, 1984, S. 233 - 239

KÖNIG, H., Der Bildschirmtext als Instrument der Bankpolitik. Frankfurt/M. 1982

KRÄMER, W./BIEHL, W., Die Bedeutung innovativer Investitionen und des Führungspersonals für den Unternehmenserfolg mittelständischer Industrieunternehmen, in: ZfbF, 35. Jg., 1983, S. 666 - 681

KRAHNEN, J. P., Wagnisfinanzierung und Finanztheorie - Einige Überlegungen zur Erfolglosigkeit einer Finanzierungsform, in: E. Heilmayr (Hrsg.), Workshop '83, Venture Capital für junge Technologieunternehmen, Haar bei München 1983, S. 113 - 115

KÜBLER, F., Unternehmensstruktur und Kapitalmarktfunktion - Überlegungen zur Krise der Aktiengesellschaft, in: Die Aktiengesellschaft, 1981, S. 5 - 13

LAMBSDORFF, Otto Graf, Die Bedeutung der Aktie als Finanzierungsinstrument für die Wirtschaft, in: Zeitschrift für Unternehmens- und Gesellschaftsrecht, 10. Jg., 1981, S. 1 - 16

LANGENDORF, P., Aktuelle Finanzierungserfahrung einer deutschen Textil-Unternehmung, in: P. R. Wossidlo (Hrsg.), Die Finanzierung mittelständischer Unternehmungen in Deutschland, Berlin 1985, S. 118 - 133

LAZAK, D., Bildschirmtext - Technische Leistung und wirtschaftliche Anwendung neuer Kommunikationstechnik, München 1984

LETTENMAYER, S., Probleme und Erfahrungen mit der Finanzierung technologischer Innovationen aus der Sicht eines Unternehmens, in: E. Heilmayr (Hrsg.), Workshop '83, Venture Capital für junge Technologieunternehmen, Haar bei München 1983, S. 51 - 58

LITTMANN, K., Die Chancen staatlicher Innovationslenkung, Göttingen 1975

LÜTGERATH, H. F., Die Erweiterung des Anlagekataloges von Investmentgesellschaften, Baden-Baden 1984

MARX, K./ENGELS, F., Manifest der kommunistischen Partei, nach der letzten von Friedrich Engels besorgten deutschen Ausgabe von 1890, Berlin 1946

MEADE COMMITTEE, The Structure and Reform of Direct Taxation. Report of a Committee Chaired by Professor J. E. Meade, London - Boston - Sydney 1978

MEFFERT, H., Bildschirmtext als Kommunikationsinstrument - Einsatzmöglichkeiten im Marketing, Stuttgart 1983

MEIER-DURRER, R., Organisation und Automatisation der Effektenbörsen, Zürich 1974

MEYER-CORDING, U., Belebung des Kapitalmarktes durch neue Möglichkeiten der Zertifizierung, in: Betriebs-Berater, 1982, S. 896 - 899

MEYER-KRAHMER, F./GIELOW, G./KUNTZE, U., Innovationsförderung bei kleinen und mittleren Unternehmen, Frankfurt/M. - New York 1982

MOLITOR, B., Vermögenspolitik im Dienst der Risikokapitalbildung, in: BFuP, 37. Jg., 1985, Heft 5, S. 393 - 402

MOLSBERGER, J./SCHILLERT, K., Vermögenspolitik und Eigenkapitalversorgung mittelständischer Unternehmen, Köln 1976

MÜLHAUPT, L./WIELENS, H. (Hrsg.), Unternehmensfinanzierung heute. Neue Chancen für die Aktie, Frankfurt/M. 1978

MÜLLER-STAHL, I., Der geregelte Freiverkehr, Diss. Köln 1971

NATHUSIUS, K., Venture Management, ein Instrument zur innovativen Unternehmensentwicklung, Berlin 1979

NATHUSIUS, K., Wege zur Aktivierung von Venture Capital in Deutschland, in: E. Heilmayr (Hrsg.), Workshop '83, Venture Capital für junge Technologieunternehmen. Haar bei München 1983, S. 99 - 111

NATHUSIUS, K., Das Venture Capital - Eine Variante der Unternehmensfinanzierung, in: P. R. Wossidlo (Hrsg.), Die Finanzierung mittelständischer Unternehmungen in Deutschland, Berlin 1985, S. 345 - 361

NATIONAL ASSOCIATION OF SECURITIES DEALERS INC., Nasdaq Fact Book, o. O. 1983

NEUBER, F., Risiko-Kapital und geistiges Kapital, in: Zeitschrift für das gesamte Kreditwesen, 37. Jg., 1984, Heft 4, S. 134 - 138

NEUMANN, S., Staatliche Förderung von Venture Capital in der EG, in: E. Heilmayr (Hrsg.), Workshop '83, Venture Capital für junge Technologieunternehmen, Haar bei München 1983, S. 75 - 81

NEUMARK, F., Grundzüge gerechter und ökonomisch rationaler Steuerpolitik, Tübingen 1970

NIGHTINGALE, M. J. H. & Co., The OTC market in Britain, London 1980

NOONE, C. M./RUBEL, M., SBICs: Pioneers in Organized Venture Capital, Chicago, Ill. 1970

NORTHMANN, R.-J., Die Small Business Investment Company (SBIC), in: E. Heilmayr (Hrsg.), Workshop '83. Venture Capital für junge Technologieunternehmen, Haar bei München 1983, S. 81 - 83

o. V., Kein Börsenhandel per Computer?, in: Börsenzeitung Nr. 207 vom 27.10.1983, S. 4

o. V., Manager statt Moneten, in: Wirtschaftswoche, Nr. 51 vom 16.12.1983. S. 34

o. V., Wir dürfen nicht überholte Rezepte nachahmen, Interview mit R.-D. Leister, in: Wirtschaftswoche, Nr.51 vom 16.12.1983, S. 35 - 40

o. V., Parallelmarkt als drittes, nicht viertes Börsensegment, in: Börsen-Zeitung, 02.03.1984, S. 4

o. V., Venture Capital. SIEMENS gibt einen neuen Gedankenanstoß, in: Handelsblatt, Nr. 101, 28.05.1984, S. 1

o. V., Versicherer wollen beim Risikokapital mit den Banken zusammenarbeiten, in: Handelsblatt, Nr. 103, 30.05.1984, S. 6

o. V., Börsencomputer - Edgar sorgt für Publizität, in: Wirtschaftswoche, 38. Jg., 1984, Nr. 19, S. 136 - 138

o. V., From over-the-counter to over-the-computer, in: Euromoney Supplement, NASDAQ - A Euromoney Survey, March 1985, S. 4 - 6

o. V., Genüsse für die Börse, in: Wirtschaftswoche, 39. Jg., 1985, Nr. 24, S. 106 - 107

PELTZER, M., Der Gang des kapitalmarktreifen (Familien-)Unternehmens an die Börse, in: Zeitschrift für Wirtschafts- und Bankrecht, WM-Sonderbeilage, 7/1984

PERLITZ, M./KÜPPER, H., Die Eigenkapitalausstattung von Unternehmen. Besteht eine Eigenkapitallücke?, in: WiSt, 14. Jg., 1985, Heft 10, S. 505 - 512

PERLITZ, M./LÖBLER, M., Brauchen Unternehmen zum Innovieren Krisen?, in: ZfB, 55. Jg., 1985, Heft 5, S. 424 - 450

PETERS, K., Wertpapierfreies Effektensystem - Eine Untersuchung der faktischen und rechtlichen Möglichkeiten einer Weiterentwicklung des herrschenden Effektenwesens, Baden-Baden 1978

PFEFFER, R., Die anlagesuchenden Kapitalströme - Ansätze zur Nutzung für die mittelständische Wirtschaft, in: P. R. Wossidlo (Hrsg.), Die Finanzierung mittelständischer Unternehmungen in Deutschland, Berlin 1985, S. 279 - 297

PFISTERER, U., Machtmißbrauch im Wertpapierhandel durch Insider, Tübingen 1978

POSER, N., Restructuring the Stock Market. A Critical Look at the SEC's National Market System. in: New York University Law Review, Vol. 56, 1981. Nov./Dec., S. 883 - 956

PRATT, S. E., The United States Venture Capital Investment Market Place, in: Commission of the European Communities (Eds.), Financing more Innovation at less Risk, Proceedings of the Symposium held in Luxembourg, 15. - 17 12.1981, Luxemburg 1982

PRATT, S. E./MORRIS, J. K. (Eds.), Guide to Venture Capital Sources, 8th. ed., Wellesly Hills 1984
PÜTZ, P./WILLGERODT, H., Mehr Beteiligungskapital, Bd. 3 der Schriften des Kronberger Kreises, Bad Homburg v.d.H. 1983
PÜTZ, P./WILLGERODT, H., Gleiches Recht für Beteiligungskapital. Vorschläge zur Reform von Unternehmensrecht und Kapitalmarkt, Baden-Baden 1985
REMSPERGER, H., Risikokapital - Stiefkind der Wirtschaftspolitik, in: Die Bank, 1980, Heft 5, S. 204 - 208
REUL, J., Erfahrungen mit gesellschafts- und kapitalmarktrechtlichen Maßnahmen zur Verbesserung der Eigenkapitalausstattung der Unternehmen in Frankreich, in: Zeitschrift für Unternehmens- und Gesellschaftsrecht (im Druck)
REUTER, D., Welche Maßnahmen empfehlen sich, insbesondere im Gesellschafts- und Kapitalmarktrecht, um die Eigenkapitalausstattung der Unternehmen langfristig zu verbessern?, Gutachten B für den 55. Deutschen Juristentag, München 1984
RÖLLER, W., Eine Lanze für den geregelten Freiverkehr, in: Handelsblatt Nr. 77, 17.04.1984, S. 8
RUDA, W., Zur Diskussion über die Struktur der Kapitalangebotsseite für die mittelständische Wirtschaft, in: P. R. Wossidlo (Hrsg.), Die Finanzierung mittelständischer Unternehmungen in Deutschland, Berlin 1985, S. 362 - 374
RUDOLPH, B., Kapitalkosten bei unsicheren Erwartungen, Berlin u.a. 1979
SACHVERSTÄNDIGENRAT ZUR BEGUTACHTUNG DER GESAMTWIRTSCHAFTLICHEN ENTWICKLUNG, Jahresgutachten 1983/84, BT-Drucksache 10/669, 24.11.1983
SCHMIDT, H., Vorteile und Nachteile eines integrierten Zirkulationsmarktes für Wertpapiere gegenüber einem gespaltenen Effektenmarkt, Brüssel 1977
SCHMIDT, H., Mehr Unternehmen an die Börse durch differenzierte Marktorganisation - Neue Börsenmärkte in Kopenhagen und London -, in: Hanseatische Wertpapierbörse in Hamburg, Jahresbericht 1981, Hamburg 1982, S. 4 - 17
SCHMIDT, H., Venture-Capital-Märkte in Europa, in: Kredit und Kapital, 17. Jg., 1984, Heft 2, S. 281 - 296
SCHMIDT, H., Special Stock Market Segments for Small Company Shares, in: Commission of the European Communities (Hrsg.): Symposium: Developing Capital Markets for the Regeneration of Industry, Working Document, Luxemburg 23./25.11.1983, S. 69 - 98

SCHMIDT, H., Special Stock Market Segments for Small Company Shares. Situation and Perspective, in: Venture Capital Markets for the Regeneration of Industry, Proceedings of the Symposium held in Luxembourg, 23.-25.11.1983, ed. by J. M. Gibb, Amsterdam - New York - Oxford 1984, S. 97 - 106

SCHMIDT, K., Die Eigenkapitalaustattung der Unternehmen als rechtspolitisches Problem, in: Juristen-Zeitung, 1984, S. 771 - 786

SCHMIDT, K. G., Die Funktionen des Eigenkapitals aus der Sicht der Unternehmungen und der Banken, in: P. R. Wossidlo (Hrsg.), Die Finanzierung mittelständischer Unternehmungen in Deutschland, Berlin 1985, S. 134 - 154

SCHMIDT, R. H., Venture-Capital aus der Sicht der Finanzierungstheorie, in: BFuP, 37. Jg., 1985, Heft 5, S. 421 - 437

SCHÖNER, M., Stoltenberg/Breuel - ein Kompromiß? Plädoyer für Kombination beider Entwürfe, in: Das neue Unternehmen, 32. Jg., 1985, Heft 3, S. 11 - 12

SCHÜRMANN, W., Familienunternehmen und Börse. Emittieren, warum und wie? Wiesbaden 1980

SCHÜRMANN, W./BEYER, G., Umwandlung in die Aktiengesellschaft - Steuerliche Nachteile?, in: Zeitschrift für Unternehmens- und Gesellschaftsrecht, 10. Jg., 1981, S. 58 - 100

SCHWAB, F., Das österreichische Beteiligungsmodell, in: P. R. Wossidlo (Hrsg.), Die Finanzierung mittelständischer Unternehmungen in Deutschland, Berlin 1985 S. 250 - 265

SCHWARK, E., Börsengesetz, München 1976

SCHWARK, E., Anlegerschutz durch Wirtschaftsrecht, München 1979

SCHWARZ, R., Zur Diskussion über die Möglichkeiten zur Schaffung eines organisierten Marktes des Eigenkapitals, in: P. R. Wossidlo (Hrsg.), Die Finanzierung mittelständischer Unternehmungen in Deutschland, Berlin 1985, S. 266 - 278

SEIPP, W., Ein Zweitmarkt könnte den Zugang zur Börse erleichtern, in: Handelsblatt Nr. 251, 30./31.12.1983, S. 15

SIGLOCH, J., Der Einfluß der Besteuerung auf die Eigenkapitalbildung der Unternehmung, in: P. R. Wossidlo (Hrsg.), Die Finanzierung mittelständischer Unternehmungen in Deutschland, Berlin 1985, S. 179 - 220

SILVER, D., Up Front Financing, New York 1982

SINN, H.-W., Die Inflationsgewinne des Staates, in: E. Wille (Hrsg.), Beiträge zur gesamtwirtschaftlichen Allokation, Frankfurt/M. - Bern - New York - Nancy 1983, S. 111 - 166

SINN, H.-W., Wachstums- und beschäftigungsneutrale Kapitaleinkommensbesteuerung, in: H. Siebert (Hrsg.), Intertemporale Allokation, Frankfurt/M. - Bern - New York - Nancy 1984, S. 259 - 274

SINN, H.-W., Systeme der Kapitaleinkommensbesteuerung. Ein allokationstheoretischer Vergleich, in: D. Bös/M. Rose/Ch. Seidl (Hrsg.), Beiträge zur neueren Steuertheorie, Berlin - Heidelberg - New York 1984, S. 209 - 238

SINN, H.-W., Die Bedeutung des Accelerated Cost Recovery System für den internationalen Kapitalverkehr, Referat vor dem Ausschuß für Außenwirtschaftstheorie und -politik im Mai 1984 (zitiert nach unveröffentlichtem Manuskript)

SINN, H.-W., Neue Wege der Unternehmensbesteuerung, in: Wirtschaftsdienst, 64. Jg., 1984. Nr. 7, S. 328 - 334

SINN, H.-W., Kapitaleinkommensbesteuerung. Eine Analyse der intertemporalen, intersektoralen und internationalen Allokationswirkungen, Tübingen 1985

SPRENGER, K.-A./HINTEN, P.v./STEINER, J., Finanzierungssituation und Finanzierungsverhalten mittelständischer Betriebe, in: Institut für Mittelstandsforschung - Forschungsgruppe Köln (Hrsg.): Beiträge zur Mittelstandsforschung, Heft 92, Göttingen 1982

STEDLER, H./PETERS, H.H., Venture Capital - ein zukunftsorientiertes Finanzierungsinstrument, in: Zeitschrift für das gesamte Kreditwesen, 36. Jg., 1983. Heft 21, S. 988 - 997

STEUERREFORMKOMMISSION, Gutachten, Schriftenreihe des BMF, Heft 17, Bonn 1971

STREBEL, H., Innovation und ihre Organisation in der mittelständischen Industrie, in: ZfbF, 31. Jg., 1979, S. 543-551

STREIT, M. E., Innovationspolitik zwischen Unwissenheit und Anmaßung von Wissen, Diskussionspapier Nr. 269-83, Universität Mannheim, Dezember 1983

STROETMANN, K.A., Innovation in Medium and Small Industrial Firms, in: A. Gerstenfels/G. Brainard (Eds.), Technological Innovations: Government/Industry Cooperation, New York u.a. 1979, S. 93 - 103

SWOBODA, P./ZECHNER, J., Unternehmensbesteuerung und Risikokapitalbildung, in: BFuP, 37. Jg., 1985, Heft 5, S. 403 - 420

SZYPERSKI, N./Klandt, H., Bedingungen für innovative Unternehmensgründungen, in: BFuP, 32. Jg., 1980,Heft 4, S. 354 - 369

SZYPERSKI, N., Innovative Unternehmensgründer als Promotoren der marktwirtschaftlichen Entwicklung, in: ZfbF, 31. Jg., 1979, S. 489 - 499

THAN, J., Depotgeschäft, in: G. Obst, Geld-, Bank- und Börsenwesen, 37 Aufl., hrsg. v. N. Kloten/J. v. Stein, Stuttgart 1980, S. 480 - 496

TITMAN, S., The Effect of Capital Structure on a Firm's Liquidation Decision, in: Journal of Financial Economics, Vol. 13, 1984, S. 137 - 151

US-SECURITIES AND EXCHANGE COMMISSION, A Monitoring Report on the Operation of the Cincinnati Stock Exchange, National Securities Trading System, May 1981

US-SMALL BUSINESS ADMINISTRATION - US-Securities and Exchange Commission, Initial Public Offerings of Common Stock: The Role of Regional Broker-Dealers in the Capital Formation Process, Phase 1-Report, March 1980

VESPER, K.H., New Venture Strategies, Englewood Cliffs N.J. 1980

VOLLMER, L., Der Genußschein - ein Instrument für mittelständische Unternehmen zur Eigenkapitalbeschaffung an der Börse, in: Zeitschrift für Unternehmens- und Gesellschaftsrecht, 12. Jg., 1983, S. 445 - 475

VOLLMER, L., Eigenkapitalbeschaffung für die GmbH durch Börsenzugang, in: GmbH-Rundschau, 1984, S. 329 - 339

VORMBAUM, H. u. a., Sicherung der Unternehmensfinanzierung durch Schaffung neuer Kapitalanlageformen und Risikostrukturen, in: Bierich, M./Schmidt, R. (Hrsg.), Finanzierung deutscher Unternehmen heute, Stuttgart 1984, S. 117 - 164

WALTER, H., Der Gang an die Börse, in: Die Bank, 1984, Heft 9, S. 400 - 411

WARNECKE, Ch., Bildschirmtext und dessen Einsatz in Kreditinstituten, Gröbenzell bei München 1983

WEBER, A., 55. Deutscher Juristentag: Verbesserungen der Eigenkapitalausstattung, in: Die Bank, 1984, Heft 9, S. 422 - 430

WEBER, W., Der Berliner Innovationsfonds als Bindeglied zum Venture Capital, in: E. Heilmayr (Hrsg.), Workshop '83, Venture Capital für junge Technologieunternehmen, Haar bei München 1983, S. 69 - 73

WEITERSHAUSEN, O. v., Mehr Flexibilität auch für das Kapital, in: Der Arbeitgeber, Nr. 3 vom 10.02.1984, S. 111 und 115

WIELENS, H., Die Gründe für die Wahl der Publikums-Aktiengesellschaft aus der Sicht des Unternehmens und des Eigentümers, in: L. Mülhaupt/H. Wielens (Hrsg.), Unternehmensfinanzierung heute, Neue Chancen für die Aktie, Frankfurt 1978, S. 73 - 105

WILLEMSEN, A., Steuerliche Ansatzpunkte der Erschließung von Risikokapital für junge Technologieunternehmen, in: E. Heilmayr (Hrsg.), Workshop '83. Venture Capital für junge Technologieunternehmen, Haar bei München 1983, S. 185 - 192

WISSENSCHAFTLICHER BEIRAT BEIM BUNDESMINISTERIUM DER FINANZEN, Gutachten zur Reform der direkten Steuern in der Bundesrepublik Deutschland. Schriftenreihe des BMF, Heft 9, Bad Godesberg 1967

WÖHE, G., Der Einfluß der Besteuerung auf die Wahl der Unternehmensform, in: ZfbF, 32. Jg., 1980, S. 519 - 538

WOSSIDLO, P. R., Die Finanzierungssituation mittelständischer Unternehmungen in Deutschland. in: P. R. Wossidlo (Hrsg.), Die Finanzierung mittelständischer Unternehmungen in Deutschland. Berlin 1985, S. 13 - 62

WOSSIDLO, P. R. (Hrsg.), Die Finanzierung mittelständischer Unternehmungen in Deutschland. 1. Bayreuther Symposium für Betriebswirtschaft, Bayreuth, 3.-4. März 1983. Berlin 1985

YOUNG, A., The American Over the Counter Markets, in: Venture Capital Markets for the Regeneration of Industry - Proceedings of the Symposium held in Luxembourg, 23.-25.11.1983, ed. by J. M. Gibb, Amsterdam - New York - Oxford 1983, S. 129 - 141

ZAPP, H., Zur Finanzierung von Erfindern und Innovationen, in: ZfB, 49. Jg., 1979, S. 66 - 72

ZAPP, H., Das Kapital folgt den guten Projekten, in: Die Bank, 1985, Heft 5, S. 217 - 220

ZEYER, F., Der Gang an die Börse kostet viel Geld, in: Handelsblatt vom 7.8.1984

ZIEBE, J., Der Genußschein als kapitalmarktpolitisches Instrument zur Verbesserung der Eigenkapitalausstattung von Unternehmen, in: Betriebs-Berater, 1984, S. 2210 - 2214

GPSR Compliance

The European Union's (EU) General Product Safety Regulation (GPSR) is a set of rules that requires consumer products to be safe and our obligations to ensure this.

If you have any concerns about our products, you can contact us on ProductSafety@springernature.com

In case Publisher is established outside the EU, the EU authorized representative is:

Springer Nature Customer Service Center GmbH
Europaplatz 3
69115 Heidelberg, Germany

Batch number: 10844827

Printed by Printforce, the Netherlands